KB121933

아무도 알려주지 않아서
현직 홍보담당자가
직접 쓴

홍보

보

인수인계서

손명훈 지음

공공기관 베테랑 홍보맨이 알려주는 공공기관 홍보의 가이드라인

공공기관, 지자체, 부처 등 입문자를 위한 얕고 넓은 지식
기본업무부터 아이템 기획과 추진, 행정업무까지 깨알 TIP 대방출

도서출판 삼인행

공공기관 베테랑 홍보맨 손 과장의

홍보 인수 인계서

초판 1쇄 **발행** │ 2022년 05월 02일
초판 2쇄 **발행** │ 2022년 06월 02일

지 은 이   손명훈
펴 낸 이   이진옥
펴 낸 곳   도서출판 삼인행
등   록   2017년 4월 1일 제2017-000049호
주   소   서울시 영등포구 경인로 82길 3-4 센터플러스 616호
전   화   (02)2164-3005
팩   스   (02)2164-3020
제   작   명진C&P(02-2164-3000)

ⓒ 손명훈, 2022

ISBN 978-89-92561-76-1 (13190)
값 15,000원

공공기관 베테랑 홍보맨 손 과장의

홍보 인수 인계서

손명훈 지음

프롤로그(시작하며)   1

★ 1장 홍보주니어의 첫걸음마   7
 1. 나는 누구인가. 여기는 어디인가   8
 2. 공공홍보. 진짜 어렵네   15

★ 2장 반공무원의 비애   35
 1. 한 방에 통과되는 결재문서 만들기   36
 2. 공공부문 보고의 BTS '원페이퍼 보고' 54
 3. 용역, 해보셨어요?   64
 4. 돈이 있어야 홍보를 하지   79

C·O·N·T·E·N·T·S

★ 3장 일당백 홍보맨   91

  1. 공공홍보의 꽃 '언론홍보'   92

  2. 우리도 TV광고 합니다   114

  3. 글 잘 쓰고 싶어요   130

  4. 우리도 유튜브를 해야 하나?   142

  5. 공공홍보의 전통강자 '사내보, 사외보'   153

  6. 너도나도 SNS   162

★ 4장 그럼, 이제 홍보해볼까   177

  1. 홍보기획을 해보자   178

  2. 내부에 알리는 게 10배의 효과가 있다   194

  3. 프리패스를 부르는 보고   204

  4. 공공부문 대박 광고를 배우자   217

에필로그   228

★

프롤로그
(시작하며)

나는 홍보 전문가가 아니다. 오히려 홍보와는 전혀 무관한 '지적학 (地籍學)' 전공자이다. 물론, 홍보분야에 경험도 전혀 없다. 나는 '공공기관 취업'이라는 꿈 하나로 하루 15시간씩 공부해서 어렵게 공채로 입사한, 평범한 공공기관 직원이다. 내가 근무하는 공공기관은 전체 직원 5,000여 명 중 90% 이상이 측량 업무를 수행하는 '기술 직렬'로 근무하는 국토부 산하 공공기관 'LX한국국토정보공사'이다. LX한국국토정보공사는 경계측량, 현황측량, 분할측량 등 국민들의 토지재산권 보호를 위한 '지적측량업무'와 SOC의 디지털화를 중심으로 한 '공간정보사업', 일제강점기 때 만들어진 지적도(땅의 모양과 크기를 기록한 지도)를 올바르게 다시 만드는 '지적재조사사업' 등을 수행하는 공공기관으로 업무 특성상 일반 국민들에게는 잘 알려지지 않은 기관이다. 결론적으로 나는 홍보랑은 전혀 상관없는 사람이었다는 것이다.

공공기관의 인사는 내 마음대로 되는 게 아니다. 조직의 필요에 따라 직원들이 이동하고 발령받은 곳에서 근무를 하고 업무를 수행해야 한다. 2008년에 입사해 2016년까지 측량업무만 줄기차게 해오던 기술쟁이였던 나는, 입사 10년 만에 전공과 전혀 상관없는 본사 홍보처로 발령받게 됐다. 문서 한 장으로 왔다 갔다 하는 공공기관이지만 배운 적도, 해본 적도 없는 홍보업무 전담 부서로의 전입은 두려움으로 다가왔다.

처음으로 홍보처에 발령받던 날의 기억은 아직도 또렷하다. 디자인, SNS, 작가, PD, 기자 등 각 분야 전문 경력직들이 대부분인 홍보처는 밝고, 쾌활했으며, 항상 웃음이 끊이질 않았다. '내가 근무하던 기관이 맞나' 싶을 정도로 이전까지 근무해 오던 곳과는 확연히 다른 분위기였다. 수직적인 위계질서와 딱딱한 조직문화로 대표되는 우리 공사(다른 공공기관도 대부분 그렇다. 우리 조직을 폄하하는 게 아니니 오해하지 말아 달라. 나는 우리 공사를 사랑한다.)의 전반적인 분위기와 사뭇 다른 부서 분위기는 나를 들뜨게 했고, 앞으로의 회사 생활에 대한 기대감이 높아져만 갔다.

하지만 측량밖에 모르던 입사 10년 차의 기술쟁이는 홍보처에서 이제 갓 입사한 신입사원이나 다름없었다. 아니 오히려 그동안 몸에 익어 버린 조직 특유의 권위적이고 딱딱한 사고방식은 홍보업무 수행에 있어서 마이너스 요인이 되었다. 용어부터 일하는 방식까지 모르는 것이 너무 많았고, 톡톡 튀는 아이디어는 아무리 야근을 하고 머리를 쥐어짜도 나오지 않았다. 인수인계는 무슨 소리인지 도통 모르는 단어들이 즐비한 '파일 몇 개'만으로 전달되어 오히려 더 헷갈리게 만들었다.

알아서 배워야 했고, 찾아야 했으며, 내 할 일을 나 스스로 만들어야 했다. 밖에서 보는 것과 달리 홍보처 일원으로서 겪은 홍보업무는 해야 할 일이 너무 많은 업무였다. 보도자료 작성, 행사 사진 촬영, 인사말 작성, 광고, 언론 관리, 신문스크랩, SNS, 유튜브까지 배워야 할 것 천지였다. 하지만 자료를 찾고 문서함을 들춰보고, 구글링을 해보았지만 처음부터 끝까지 '공공기관 홍보는 이렇게 해야 됨'이라고 친절하게 알려주는 자료는 없었다. 매뉴얼이라도 있으면 좋으련만, 홍보맨으로 거듭나기 위한 길은 멀고도 험했다.

나는 우선 '지식의 보고' 책을 찾았다. 하지만 시중에 나온 책 중에 내가 원하는 책은 없었다. 판매되는 홍보 관련 도서들은 대부분 언론홍보를 중심으로 기술되어 있었다. 특히 공공부문의 홍보는 공보관 출신 공무원들이 퇴직하면서 그동안의 이야기를 풀어낸 것들이 대부분이었다. 또 일반적인 마케팅, 홍보 책자는 SNS, 유튜브 등 홍보의 일부분만을 다룬 책들이 많았다. 하지만 나는 공공기관 홍보주니어로서 알아야 할 것들이 필요했으며, 깊은 지식보다는 얕고 넓은 지식이 필요했다. 나와 같은 상황에 있는, 홍보업무를 처음 해보는 비전공자들을 위한, 그것도 공공부문 홍보를 해야 하는 신입 홍보맨들의 이야기가 필요했다.

시간은 흐르고 흘러 이리저리 치이며 기관의 홍보업무를 한 지 벌써 5년이 되었다. 그 동안 운 좋게도 홍보부서에서 하는 거의 대부분의 업무를 접해 봤고, 다양한 경험들이 쌓이면서 홍보업무의 재미를 알게 되었다. 하지만 아직도 마음 한 편에는 홍보주니어 시절의 어려움을 잊지 않고 있다. '정말 읽고 싶은 책이 있는데 아직 찾지 못했다면, 그건 직접 쓰라는 신의 계시다!' 1993년 노벨문학상을 수상한 토니 모리슨(Toni Morrison)이 한 말이다. 이제 토리 모리슨의 이야기를 실천할 때가 왔다.

입사 15년 차, 홍보업무 5년 차에 접어드는 공공기관 홍보맨으로서 5년 전 나와 같은 상황에 놓인 홍보주니어들을 위해 그동안 홍보부서 내에서 다양한 업무를 접해보면서 느낀 점과 배운 점을 이 책을 통해 공유하고자 한다. 공공기관뿐 아니라 지자체, 중앙부처 등에서 홍보업무를 처음 접하는 사람들에게 이 경험을 알려서 그 분들이 나와 같은 시행착오를 겪지 않았으면 한다.

상품을 판매하고 수익을 내는 민간기업과 정책을 알리고 국민의 공감대를 형성해야 하는 공공의 홍보는 달라야 한다. 또 공공 홍보에 필요한 역량은 민간 홍보에서 쓰이는 역량과는 다르다. 이 책에서는 먼저 신입 공공 홍보맨들이 홍보주니어로서 가장 먼저 해야 하는 업무부터 아이템을 기획하고 추진하는 베테랑 홍보맨까지의 과정을 알려주고자 한다. 또한 단순히 홍보업무뿐 아니라 반공무원이라고 하는 공공기관 직원으로 철저하게 수행해야 하는 행정업무 처리까지 그동안 시행착오를 겪으며 알게 된 필수 사항들을 기술하고, 여러 가지 홍보업무별 특징과 필수적으로 알고 익혀야 하는 스킬들까지 기록하였다. 이 책은 자기계발서가 아니며 보고서도 아니다. 이 책을 처음 쓰게 된 이유는 후임이 생겼을 때, 그 후임이 나와 같은 멘탈 붕괴를 겪지 않고 홍보업무가 무엇인지 빠른 시간에 파악하는 걸 돕기 위해서였다.

앞서 말한 바와 같이 이 책은 홍보업무의 시작부터 홍보업무 추진을 위한 다양한 Tip들까지 홍보업무 전반에 관한 내용들이 총 4가지의 챕터로 정리되어 있다.

첫 번째 챕터 '홍보주니어 첫 걸음마'에서는 인사 발령 1주일 안에 부서 홍보업무를 빠르게 파악하고 인수인계를 확실하게 받는 법과 공공홍보의 어려운 점을 짧게 짚고 넘어간다.

두 번째 챕터 '반 공무원의 비애'에서는 결재문서 작성법, 원페이퍼 작성 노하우 등 문서작성 방법과 입찰절차, 수의계약, 제안요청서 작성 등 업무추진에 필수적인 용역관리에 대해 정리한다. 또한 내년도 사업을 위한 사업계획서 작성, 예산편성 등에 대한 노하우를 공개했다.

세 번째 챕터 '일당백 홍보맨'에서는 언론홍보, 식사문 작성, 사보발행, 광고, 유튜브까지 다양한 공공 홍보업무 추진에 필요한 역량을 키울 수 있게 도와주고자 한다. 깊이 있는 내용보다는 꼭 알아야 하는 내용, 모르면 손해 보는 내용들로 구성하였다.

마지막 네 번째 챕터 '그럼 이제 홍보해 볼까?'에서는 기획과 계획, 실행을 위한 결재받는 법, 적은 돈으로 홍보효과 높이기 등 실제 추진했던 사례들과 공공부문에서 추진한 홍보 성공사례들을 담았다.

이 책은 공공기관의 홍보의 특징을 짚어보고, 홍보 이전에 공공기관 직원으로 해야 하는 일들을 알려주기 위해 제작되었다. 홍보업무를 다년간 해 오신 베테랑들은 '뭐 저런 걸 굳이 책으로까지 알려주나?'라거나 '당연한 거 아냐?'라고 생각할 수 있다. 하지만 홍보주니어들은 베테랑들이 생각하는 것보다 훨씬 더 무지하다. 이 책은 홍보의 '홍'자도 모르고 PR의 'P'자도 모르는 홍보주니어들을 위한 공공홍보 기본서이다. 부디 홍보주니어들이 내가 했던 '맨 땅에 헤딩'을 하지 않길 바란다. 홍보주니어들이여 공공홍보의 세계로 들어온 것을 환영한다.

1장

홍보주니어의

첫걸음마

★
1

나는 누구인가,
여기는 어디인가

10년 간 측량업무만 하다가 처음 홍보처로 발령받는 날의 느낌은 '감동'이었다. 5,000여 명의 LX한국국토정보공사 직원들 중에 단 10 명만 하는 홍보업무를 내가 맡게 되다니……. 희망 근무지 1순위로 홍보처를 적은 지 3년 만의 쾌거(?)였다. 우리 공사의 홍보처는 업무 특성상 작가 출신, 기자 출신, PD 출신 등 전문경력직이 많이 근무하는 곳이다. 나같은 측량쟁이들이 들어오기가 쉽지 않은 부서다(나중에 알게 된 사실이지만, 기술 직렬이 대부분인 LX한국국토정보공사 특성상 기피 부서 중 하나라고 한다). 그런 꿈의 부서에서 근무를 하게 되었다니!! 내 마음은 기대감으로 한껏 부풀었다.

오랜 시간 홍보처에서 근무하고 있었던 직원분들과 인사를 나누고 배정받은 자리에 앉았다. 앉았다. 계속 앉아 있었다. 헐……. '내가 여기서 뭘 하지?', '아직 업무 배정도 안 된 상태에서 내가 할 수 있는 게 뭐가 있을까?', 할 일 없이 내부 인트라넷을 들춰보던 내게 옆자리에 앉은 선배가 고맙게도 말을 걸어주었다. "손 과장님, 지금은 할 수 있는 게 없으실 거예요. 우선 신문이나 보고 계세요." 맞다. 내가 할 수 있는 일이 없었다. 입사 이래 쭉~ 측량만 하던 내가 할 수 있는 홍보업무라고는 신문을 읽는 것뿐이었다(이것도 홍보업무가 맞나?). 풀이 죽어 그날 홍보처로 배달되어온 신문 15개를 정독했다. 며칠간 출근해서 하는 일이라고는 신문 보는 것뿐이었다. 태어나서 신문을 그렇게 정독해 본 건 처음이었다(처음에는 나를 따돌리는 줄 알았지만, 나중에 나에게 보도자료를 작성시키기 위해 트레이닝 한 것이라고 선배는 말해주었다). 뭐 '이렇게 편해도 되나?' 싶을 정도로 몸은 편했지만, 하루하루 지나갈수록 마음은 점점 조급해졌다.

일주일의 길고 긴 신문 정독 시간이 지나자 드디어 나에게도 일거리가 생겼다. 공공기관 홍보의 꽃이라고 할 수 있는 '보! 도! 자! 료!' 물론 배포할 보도자료는 아니었지만 천사 같은 선배님은 나에게 서류 한 뭉치를 주면서 보도자료를 작성해 보라고 말해 주었다. 배포될 보도자료는 자신이 쓰고 나를 연습시킬 목적으로 기회를 준 것이다. 그 선배는 나와 같은 측량직으로 시작했지만 지역본부에서부터 언론홍보를 10년 이상 해온 베테랑 언론홍보 전문가였다. 자신이 이제 타부서로 갈 때가 되었다고 생각해 후배를 물색하던 중에 측량 직렬에서 드물게 홍보업무를 하고 싶다며 '희망부서 1

순위'를 홍보처로 지원한 나를 추천했다고 한다(나는 그 선배와 지역본부에서 잠깐 함께 근무한 경험이 있었고, 그때 내가 쓴 연구논문을 윤문해 준 적이 있었다. 이 책을 빌려 감사드린다. 정해룡 팀장님 사랑합니다).

나는 선배의 기대에 부응하고자 3일을 보도자료에 매달렸다. 없는 글솜씨로 쓰고 고치기를 수없이 반복했다. 일주일간 반복해서 읽어왔던 기사들을 흉내내면서 겨우겨우 보도자료 초안을 작성해 선배에게 드렸다. 천사 선배님은 친절하게도 내 보도자료를 구석구석 첨삭해 주셨고, 그 결과는 참혹했다. 한 문장도 빨간 펜이 안 들어간 곳이 없었다. 주어와 목적어가 매칭이 안 되고, 필요 없는 수식어는 너무 많았으며, 문법에 안 맞는 문장들이 수두룩했다. 아주 창피했지만, 나는 계속 부딪혔다. 나는 꼼꼼함은 없었지만 잘못된 것을 빨리 수정하고 계속 부딪치는 강점이 있다. 신입사원 시절부터 이어온 나의 필살기는 바로 '빨리하고, 혼나고, 다시 빨리한다'였다.

신입사원 시절 이야기를 잠깐 하자면, 그 시절에 가장 많이 들었던 말이 "좀 꼼꼼하게 봐라. 왜 이렇게 덜렁거리냐?"였다. 꼼꼼하지 못해 도면을 작성할 때면 매번 실수를 했었다. LX한국국토정보공사의 업무 중 하나는 '지적도'라는 토지관리에 매우 중요한 도면을 작성하는 일이다. LX에서 작성한 도면은 국민 토지소유권 보호에 큰 역할을 한다. 신입사원 시절 내가 작성한 도면은 관련 법 규정에 안 맞는 글자 크기, 색상 등을 이유로 매번 지적의 대상이 되곤 했다.

나는 나 자신을 너무 잘 안다. 죽치고 앉아서 도면을 들여다보고 천천히 작성한다고 해서 한 번에 도면을 완벽하게 그리지 못한다는 것을 잘 알았다. 꼼꼼함은 어차피 내가 극복할 수 있는 단점이 아니라고 생각했다. 내 단점을 극복하기 위해 남들보다 더 빨리 도면을 만들고 더 많이 검토받아서 단점에 대한 이야기가 더 이상 안 나오게 만들었다. 그리고 홍보주니어로서도 나의 단점을 인정하고 나의 강점을 최대한 살리기 위해 노력했다. 나는 보도자료라는 홍보업무의 첫 단추도 그렇게 채워 갔다. 천사 선배가 귀찮아 할 정도로(실제로 귀찮다고 하신 적은 단 한 번도 없다) 하루에도 몇 번을 컨펌해 달라고 내가 작성한 보도자료를 들이밀었다. 첨삭에 첨삭을 받을수록 내가 작성한 보도자료는 너덜너덜해졌지만 일주일, 이 주일이 지나면서 내가 작성한 보도자료는 점점 완성되어 갔다. 나중에는 천사 선배님으로부터 글이 나날이 좋아진다는 칭찬까지 받을 수 있었다. 역시 단점을 극복하기보다는 강점을 키우는 게 내가 생각하는 최상의 전략이었다.

내가 만든 보도자료를 배포까지 하는 데까지는 대략 두 달이 걸렸던 것 같다. 짧지 않은 시간이었지만 내가 쓴 글이 기사화되어 신문에 찍히는 모습을 보니 뭔가 내가 공사 전체에 도움이 된 것 같아 성취감이 들었다. 하지만 홍보업무에서 보도자료가 차지하는 부분은 아주 미미했다. 내가 생각했던 것보다 홍보업무는 방대했고 손이 많이 가는 업무투성이였다. 보도자료의 첫걸음마를 떼고서부터 홍보업무 전체에 대한 궁금증은 커져갔다. 어느새 내 사수가 된 천사 선배님에게 물었다.

"어떻게 하면 홍보처 업무를 빨리 파악할 수 있을까요?"

"야 인마, 넌 벌써 두 달이 됐는데 그걸 이제 물어보면 어떡하냐?"

혼났다. 그렇다. 나는 보도자료를 작성한다는 기쁨에 취해 홍보업무 전체를 알려고 하는 노력을 하지 않은 것이다. 아, 숲을 보지 못하고 나무만 보는 햇병아리여~

하지만 천사 선배님은 친절하게도 홍보업무를 가장 빨리 파악하는 방법을 알려주셨다.

"5년 치 문서를 싹 훑어봐."

공공기관은 모든 업무가 문서로 시작해서 문서로 끝난다. 문서는 업무를 추진하는 근거가 되고 기록이 된다. 측량업무의 경우 '측량결과도' 한 장의 도면만 작성하면 되었지만, 본사는 모든 일이 문서화되어야 하고 홍보업무도 예외는 아니다. 추진계획, 중간 보고, 결과 보고, 효과 분석, 용역 추진, 원페이퍼, 주간 보고, 월간 보고 등등 페이퍼 워크(Paper Work)가 어마어마했다. 10명이 근무하는 홍보처에서도 1년에 생산하는 문서의 수가 무려 4,443개나 되었다(기관에서는 생성하는 문서는 순서대로 문서번호가 붙기 때문에 전체 문서 생산량을 바로 파악할 수 있다). 5년이면 2만 개가 훌쩍 넘는다. 물론 타부서에서 홍보처로 보내온 문서까지 포함한 개수지만 어마어마한 양이었다.

홍보 전체 업무를 파악하기로 마음먹은 나는 전자결재에 등록된 5년 치 문서를 모두 훑어보기로 했다(이건 홍보업무 1년 차에 내가 한 일 중 가장 잘 한 일이다. 공공 부문 홍보주니어들에게 이 방법을 강력 추천한다). 물론 시간이 어마어마하게 걸리는 일이었다. 간단한 1~2페이지 짜리 문서도 있었지만 사장님 결재까지 가는 문서들은 평균 10페이지가 넘었다. 하루에 1,000개씩 본다는 생각으로 틈만 나면 문서를 열고, 읽고, 닫고를 반복했다. 어느 정도 읽다 보니 홍보처의 업무 1년 루틴이 눈에 들어왔다. 그것을 나만 알아볼 수 있게 기록하고 도표화했다. 1년 업무처리 시기와 내용들을 담은 것이었다. 이것은 그 당시에도 많은 도움이 되었지만, 몇 년 뒤에 내가 부서 총괄 기획을 맡았을 때 홍보업무 전체 전략을 짜고 연간 홍보계획을 수립할 때 가장 큰 도움이 된 자료였다.

홍보처에서 근무는 내가 생각했던 것보다 더 즐거웠다. 사람들은 상냥했고, 부서 분위기는 화기애애했으며, 부서장은 유연하고 의사결정이 빨랐다. 이런 환경에서 홍보업무에 첫 발을 내디딘 것은 지금 생각해 보면 참 행운이었던 것 같다. 입사 10년 만에 힘들지만 웃으면서 근무할 수 있었던 1년이었다. 물론 나와 같은 환경에서 홍보업무를 시작하는 홍보주니어들이 많지는 않을 것이다. 공공의 특성상 자신의 원하는 부서에서 근무하기란 쉬운 것이 아니고, 또 함께 근무하는 사람들이 전부 마음에 들 수는 더더욱 없을 것이다. 만약 어려운 여건 속에 원하지 않는 홍보를 시작했더라도, 어쩌겠는가? 그만두지 않을 것이라면 어차피 할 걸 즐겁게 하는 게 좋지 않을까? 지금 상사로 계신 홍보처장님께서 자주 하시는 말씀이 있다.

"맞고 하는 것보다 그냥 하는 게 낫다."

이왕 할 홍보업무라면 남들보다 빠르게 파악하고 내 역할을 정확히 찾는 것이 중요하다. 그리고 내가 잘하는 것, 내가 하고 싶은일을 찾아야 한다. 타의로 시작했든, 자의로 시작했든 홍보주니어가 되었다면 마음가짐을 다시 잡자.

"1년 안에 홍보부서 내가 씹어 먹겠어!!"

★
2

공공홍보.
진짜 어렵네

공공에서 홍보를 한다는 것은 그리 쉬운 일이 아니다. 공무원, 공공기관 종사자들에게 홍보업무는 반기는 직렬이 아니기도 하다. 공공은 한 곳에서 계속 근무를 하는 게 아니라 순환 근무를 한다. 일정 기간이 되면 부서나 조직을 옮겨 다니면서 근무하는 것이다. '고인물은 썩는다'는 격언을 실천하는 것일 수도 있고, 하고 있는 업무가 관성에 젖어 발전이나 변화를 하지 않는 것을 경계하는 것일 수도 있다. 특히 내가 근무하는 LX한국국토정보공사는 전국 시·군·구에 지사가 있어(심지어 울릉도에서 LX한국국토정보공사가 있다), 전국적으로 움직이며 근무할 여지가 많은 기관이다. 더욱이 LX한국국토정보공사는 직원 대부분이 측량기술자이기 때문에 홍보업무를 접해볼 기회도 적을뿐더러 본업인 측량과는 연관성이 적은 업무기 때문에 직원들이 선호하는 업무가 아니었다. 간혹 홍보 업무에 대한 관심이 있어 지원하는 직원들도 있었지만, 막상 와서 근무하면서 높은 현실의 벽을 느끼고 1~2년 만에 다시 현장으로 돌아가는 직원들도 종종 있다. 이번 장은 내가 근무하면서 느낀 공 공 홍보업무의 한계를 말하고자 한다. 물론 나 역시도 민간 기업에 서 홍보업무를 해본 경험은 없지만, 측량기술자로서 그나마 오랜 기간이라고 할 수 있는 5년간의 근무기간과 다양한 외부 홍보맨들 을 만나면서 느낀 점들을 말해 보려 한다.

★
돈이 없어요

공공기관에서 홍보업무를 하면서 가장 먼저 느낀 점은 너무 많은 것을 한다는 것이다. 홍보부서에 오기 전에 생각하기로는 '그냥 TV 로 광고 팍~ 태워서, 인지도를 팍~ 올리면 되지 않아? 뭐 이리 자 잘자잘한 것을 많이 해서 일거리만 많이 만드는 거야?'라고 생각했 었다(실제 아직도 홍보업무를 잘 모르시는 분들은 TV 광고와 보도 자료가 홍보업무의 전부로 알고 계신다). TV만 틀면, 유튜브만 틀 면 나오는 기업 광고들을 보면서 우리는 자연스레 그 상품과 기업 이 익숙해지고, 광고에 나오는 음악을 흥얼거리게 된다. 하지 만……, 아쉽게도……, 안타깝게도…… 우리는 돈이 없다. 공공기 관은 큰 수익을 낼 수 없는 구조를 갖고 있다. 아니 오히려 적자를 안 내면 다행인 게 공공기관이다. 국민과 국가를 위해 운영하는 공공기관이 매년 수십억 원의 흑자를 낸다면 그것 역시 문제의 소지가 될 수 있다. 그리고 과도한 흑자는 공공기관이 1년 중 가장 신중하고 조심하는 관문인 '국정감사'에서 심각하게 깨질 수도 있다. 우리는 국민에게 공익적 서비스를 제공하는 기관이기 때문이다.

이론을 말하는 것을 좋아하지는 않지만 잠깐 원론적인 이야기를 하자면, 상품과 서비스를 파는 기업 홍보의 경우 마케팅(Marketing)이라는 단어로 수렴되지만, 공공 홍보는 퍼블릭 어페어(Public Affairs)라는 이름으로 불린다. 즉 공공 홍보는 정부, 국민, 기업, 언론, 공공기관이 서로의 관계를 만들어가는 과정인 것이다. 공공은 이윤을 추구하는 목적이 아니기 때문에 인지도를 올리고 추진하는 정책을 국민들에게 알리는 것을 목표로 한다. 또한 세금을 기반으로 하기 때문에 예산이 많이 들지 않으면서도 효과를 극대화할 수 있는 아이디어가 항상 필요한 분야이다.

이러한 이유로 공공기관의 홍보예산은 한정적일 수밖에 없다. 적은 예산으로 기관과 사업을 홍보해야 하니 당연히 돈이 적게 드는 홍보 방법들을 찾아야 한다. 그러다 보니 대부분의 공공 홍보업무들은 자잘자잘한 업무들이 폭증하는 사태까지 오게 된다. 실제 내가 근무하던 홍보부서에서 하던 업무를 살펴보면 기자 관리, 보도자료 작성, 임원 식사문 작성, 각종 행사, 캐릭터 굿즈·동화책 제작, 브로슈어·리플릿·포스터 제작, 인터넷방송국 운영, 신문 광고, TV·라디오 광고, 달력 제작, 잡지 발행, 공연 기획, 인지도 관리,

홍보 인쇄물 발행, 홈페이지 관리, 홍보관 관리 등 실무자 8명이 할 수 있는 양이 아니었다. 거기에 기본적인 행정업무도 어마어마하다. 아마 모든 공공기관 홍보담당자들의 고충이 여기 있을 것이다. 얼마 없는 예산으로 효과를 만들어내야 한다는 중압감, 돈을 버는 게 아니라 쓰는 부서이기 때문에 받는 눈총, 그래서 한 푼 쓰는 것도 눈치 보이는 환경 등등. 홍보담당자들이 짊어져야 할 무게는 생각보다 크다. 내가 근무하는 LX한국국토정보공사는 1년 지출 예산 중 홍보 관련 예산이 차지하는 비중이 1%가 채 되지 않는다. 게다가 재정 감축 이야기가 나올 때마다 가장 먼저 칼을 들이미는 곳이 바로 홍보 예산이다. 공공에서는 '홍보는 있어도 그만, 없어도 그만'이라는 옛 선배님들의 인식이 아직도 깔려 있어서 그런 듯하다. 실제로 우리 공사의 경우 2000년대 초까지는 '지적'이라는 업무 중심으로 업무를 해 왔었고, 그 업무 자체가 국가위탁업무이기 때문에 국민들을 대상으로 한 '홍보' 자체를 하지 않았다. 필요가 없었기 때문이다. 지적업무가 필요한 국민들은 자신들의 필요에 의해서 각 시·군·구청에 있는 지적측량 접수창구에서 지적측량을 의뢰했었고 공사는 의뢰가 들어온 업무를 수행하면 끝이었다. 하지만 2004년에 지적측량업무가 민간에 일부 개방되고, LX도 공간정보라는 새로운 업무를 도입하면서 '홍보'에 대한 필요성을 느끼기 시작했고, 매년 홍보 관련 비중을 늘려가고 있는 실정이다. 하지만 아직도 턱없이 부족한 예산으로 우리 LX 홍보담당자들은 고군분투하고 있고, 홍보에 대한 내부의 곱지 않은 시선까지 감내하고 있다. 우리 LX와 같이 적은 예산으로 이것저것 해보느라 애쓰는 공공기관 홍보담당자들에게 다시 한번 위로와 격려를 전한다. 하지만 어쩌겠나. 까라면 까야지. 공공기관 홍보가 어려운 첫 번째 이유는 '돈이 없다'이다.

★ 컨펌의 지옥

예산의 부족이 가장 기본적인 어려움이라고 한다면, 아이디어에 대한 이야기는 좀 더 본질적인 문제이다. 공공기관 직원이라고 해서 아이디어가 민간기업보다 떨어지는 것은 아니다. 다행히도 정말 톡톡 튀는 아이디어를 내는 홍보담당자들이 많다. 이 아이템을 갖고 홍보를 한다면 분명 이슈가 되고 적은 예산으로도 높은 홍보효과를 볼 수 있을 것 같은 아이디어들이다. 하지만 아무리 트렌드에 부합하고 재미있는 홍보 아이템이라고 해도 공공기관에서 사업을 추진하는 데는 많은 걸림돌이 있다. 가장 큰 문제는 복잡한 결재 라인이다. 대리 직급이 좋은 아이디어를 낸다면 그 위의 과장, 차장에게 1차 검열을 받아야 하고 팀장 승인이 나서야 부서장에게 보고가 들어간다. 부서장까지 통과가 되더라도 임원보고가 남아있다. 큰 건의 경우 최고 의사결정권자인 사장님까지 보고가 들어가는데 사장님 보고 건은 모든 임원에게까지 공유되어야 하고 '일상감사'라고 하는 감사 절차까지 거쳐야 한다. 내가 몸담고 있는 LX한국국토정보공사에는 상임이사 5명이 있다. 그분들을 다 설득하고 의견을 반영해야만 사장님께 보고가 들어가는데 약 10번의 컨펌 과정에서 아이디어는 많이 순화될 수밖에 없다. 결국 대리가 제출했던 톡톡 튀는 아이디어가 사장님 보고까지 갔을 때는 공공 기관스러운 아이디어로 변신되어 있는 경우가 많다. 공공기관에서 틀에 박힌 캠페인, 뻔한 홍보전략 등이 나오는 근본적인 문제가 바로 여기 있다고 생각한다. '복잡한 결재 라인'

한번은 LX한국국토정보공사와 연관하여 '국토'를 홍보 소재로 삼고 '국토대장정'을 추진하려 했었다. 대학생뿐 아니라 일반인까지 모집해 국토 순례와 함께 우리 공사 직원들이 알고 있는 숨은 명소를 소개하고 그 과정을 콘텐츠로 제작한다는 아이디어였다. 박카스로 유명한 동아제약에서 진행하고 있는 '대학생국토대장정'처럼 정례화하자는 기획이었다. 기획은 1차 팀장 컨펌부터 난관에 부딪혔다. 대규모 인원을 대상으로 국토대장정으로 하게 되면 사고 발생 위험이 너무 높고, 비용 대비 효과가 불확실하다고 했다. 겨우겨우 설득해서 부서장님까지 보고에 들어갔지만, "이미 다른 데서 하고 있는 것을 굳이 왜 하느냐"며, 우리만의 특색이 부족하다는 답변이 돌아왔다. 그리고 또 다시 임원보고에서 대학생은 식상하다며 우리나라를 잘 모르는 외국인들 대상으로 하는 것이 어떻겠냐는 의견까지 적용하다 보니 처음의 기획 의도와는 완전히 다른 홍보 아이템이 되었다. 마지막에 최종 결정되어 진행한 것은 외국인 4명이 우리 공사의 본부, 지사를 돌아다니면서 미션을 수행하는 유튜브 콘텐츠였다. 당시는 코로나19 상황이 한창일 때였고 언택트(Untact)가 이슈가 되고 있을 때였다. 그래서 콘텐츠 제목도 언택트의 라임을 갖고 와서 '온(溫)택트 로드'로 지었다. 일본인 가수 유키카, 터키인 유튜버 이렘, 독일인 방송인 플로리안, 멕시코인 연예인 크리스티안까지 출연진도 화려했다. 하지만 결과는 참혹했다. 야심차게 시즌1과 2까지 진행했지만 시즌2의 평균 조회 수가 1,000회에 못 미쳤을 정도로 폭망한 기획이 되었다.

2021년 TV광고 기획도 비슷한 사례에 속한다. 경계복원측량이라고 들어본 적이 있는가? 도면으로 등록되어 있는 땅의 정확한 위치와 경계를 확인하는 측량을 '경계복원측량'이라고 하는데, 이는 LX한국국토정보공사의 대표적인 업무 중 하나다. 현장에서 업무를 수행하면서 땅을 측량하고 낭패를 보는 국민들에게 자주 말하곤 했다.

"고객님 땅 사실 때는 잔금 치르기 전에 꼭 측량하셔야 해요."

실제 측량을 해 보면 평지인 줄 알고 샀는데 나중에 집을 지으려고 했더니 구입한 땅이 절벽에 있었던 경우도 있고, 오션뷰로 알고 샀는데 밀물 때면 물에 잠기는 토지를 구입한 국민들도 자주 봤다. 현장의 한 팀장님은 기어이 경계를 확인해 달라는 고객의 요청 때문에 배를 타고 바다로 나가 바다에다 긴 철근으로 땅의 경계를 표시해 준 사례도 있다고 한다. 즉 토지 거래 전에 내가 살 땅이 어디에 있고 어디까지가 내 땅의 경계인지 꼭 확인해야 하는 것이다. 하지만 아쉽게도 땅을 살 때 경계측량을 하는 비율은 불과 7.7%밖에 되지 않는다. 국토교통부와 LX한국국토정보공사의 자료에 따르면 2020년 전체 토지 거래는 220만 건에 이르지만 그중 경계복원측량을 수반한 거래는 17만 건에 불과하다. 8%도 안 되는 수치이다. 100명이 땅을 산다면 92명은 내 땅이 어디인지도 어떻게 생겼는지도 모르고 산다는 것이다.

이런 현장 경험을 살려 내가 TV광고를 담당할 때 과감하게 경계복원측량을 주제로 잡았다. 그전까지는 공사 전체의 이미지를 만들어 줄 수 있는 이미지 광고나 좋은 뜻을 갖고 만드는 공익 캠페인 등을 했었다. 나는 경계복원측량이 국민들이 꼭 알아야 하는 사항이고, 우리 공사로서도 경계복원측량 사업을 확대할 수 있는 일석이조의 아이템이라고 생각했다. 1차로 홍보처 내부 직원들의 의견은 매우 긍정적이었다.

"그래 진작 이런 걸 했어야 해", "이거 대박이겠는데?" 등 피드백도 좋았다. 본부장님들까지 결재가 단숨에 통과되었고, 부사장, 상임감사, 사장까지 금세 완료되었다. '좋아! 진짜 잘 해보자!'라는 생각으로 대행사를 선정하고 2개월간 아이디어 회의를 거쳐, 재미있고 유쾌하면서도 메시지를 전달할 수 있는 광고 기획안을 완성했다.

★
불운의 광고 콘티 1화 '선보고 또보고'

데이트 장소에 늦게 나타난 남자에게 여자가 묻는다.

"왜 이렇게 늦게 왔어?"

남자는 대답한다.

"응. 선 좀 보고 오느라."

여자가 "내가 있는데 선?"이라면서 발끈하고 남자 얼굴에 컵에 있는 물을 쫙~ 뿌린다.

남자가 "아니 그 선이 아니라……."하며 말하는 도중에 양동이로 물을 더 많이 뿌리고,

"아니……."라고 또 말하려는 남자에게 이번에는 소방호스로 물을 들이붓는다.

마지막은 남자가 "아니. 너랑 나랑 같이 살 땅, 경계선 보고 왔다고!"라고 하면서 해피엔딩으로 끝나는 줄거리였다.

여자친구) 자기 왔어? 좀 늦었네~

남자친구) 웅~ 선 좀 보고 오느라

여자친구) 뭐? 나쁜놈!

남자친구) 그게 아니라, 선 보고 왔..

여자친구) 내가 있는데, 선이라니!!!

남자친구) 그게 아니라, 우리 같이 살 땅! 선 보고 왔다고 바보야!

토지거래 전!
경계복원측량하세요

불운의 광고 콘티 2화 '측량대군'

두 번째 콘티는 사극물이었다.

주인공 측량대군은 아바마마의 명에 따라 자기에게 하사된 땅까지 자기 땅이라고 우기는 형님에게 반발한다.

서로 말도 안 되는 사자성어를 써가면서 다투던 와중에 갑자기 현대물로 바뀌면서 LX한국국토정보공사 직원들이 경계측량을 하게 되고, 그 결과는 그 땅은 측량대군과 형님 둘 다 소유자가 아니었다는 내용의 콘티였다.

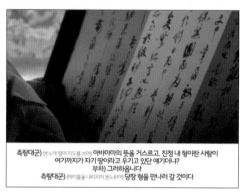

측량대군) (분노에 떨며 지도를 보며) 아바마마의 뜻을 거스르고, 진정 내 형이란 사람이 여기까지가 자기 땅이라고 우기고 있단 얘기더냐?
부하) 그러하옵니다
측량대군) (테이블을 내리치며 분노하며) 당장 형을 만나러 갈 것이다

#사냥을 마친 후 파티를 벌이고 있던 첫째 왕자

측량대군) 내 땅에서 이제 맘대로 사냥도 하시는구려.
[노려보며] 이제 여기서 겟아웃하시지요!

26

序特馬友膝
서트마우스

첫째 왕자) 입으로 나온다고 다 말이 아니거늘. 말이 지나치구나. 서트마우스하라!

#두 왕자가 팔을 배를며 넣을 세우다

측량대군) 지금 선을 넘는 것이오
첫째 왕자) 선을 넘었음 끝을 봐야지

#LX직원들 등장하며

LX직원) 선은 저희가 정확히 봐드릴게요. 잠시만요~

★
불운의 광고 콘티 3회 '지구방위대'

세 번째 콘티는 전대물이었다. 흔히 알고 있는 지구방위대 후뢰시맨을 패러디한 아이디어였다. 새로운 합체 로봇을 개발하고 괴수 출연을 기다리고 있는 지구방위대들이 괴수 출연과 함께 단숨에 사건 현장에 달려가려고 했지만, 경계복원측량을 잘못하는 바람에 남의 출입문을 통과해야 했고, 절반밖에 안 열리는 창고 때문에 로봇이 출동하지 못하고 지구가 망했다는 이야기였다.

1호) 지금 적의 위치는?
2호) 여기서 14키로 떨어진 도시야
3호) 지구킹으로 가면 4초 만에 도착할 수 있겠군. 어서 지구킹을 불러
4호) 지구킹! 출동!

#지구킹이 출동을 하려는데 출입문이 절반 밖에 안 열린다 뒤 늦게 후회하는 박사
박사) 측량을 안 하고 지어서 그만.. 지구킹이 출동할 수가 없단다
#박사, 어떻게든 지구킹을 빼보려 하지만 빠지지 않고 주차경고음만 빽빽거린다

결론부터 말하자면 이 기획안은 전부 실현되지 못했다. 그 대신에 예전부터 해 오던 기관 이미지 광고를 TV에 실었다. 초기에 결재를 완료한 주제에 대해서 광고 안을 만들어 보고를 했지만, 윗분들은 주제 자체를 바꾸어 버렸다. 경계복원측량이라는 일부분이 아니라 기관 전체를 알릴 수 있게 만들라고 말이다. 유튜브용이라도 만들려고 했지만, "물을 계속 맞는 게 기관과 안 어울린다.", "너무 재미 위주 내용이라 기관 이미지가 안 좋아진다." 등등의 의견이 줄줄이 쏟아졌다. 담당자로서 매우 안타까웠지만, 어쩌겠는가. 나는 결정권자가 아니고 공공기관에는 엄연히 결재라인이 존재한다는 것을……

공공기관 홍보가 어려운 두 번째 이유는 '복잡한 결재 라인, 컨펌의 지옥'이 있기 때문이다. 컨펌의 지옥에서 해방되기 위해서는 우리만의 전략이 필요하다. 공공에서 컨펌을 안 받을 수는 없다. 하지만 컨펌을 쉽게 받을 수는 있다. 뒷부분에 다시 말하겠지만, 컨펌을 쉽게 받기 위해서는 결재권자의 눈높이에서 모든 보고문서를 만드는 것이 가장 중요하다. 내 기획의 타당성과 꼭 해야만 하는 이유를 그분들의 눈높이에 맞게 문서화하는 것이다. 컨펌의 지옥을 피할 수 없다면, 재빨리 헤쳐 나갈 수 있는 능력이 홍보주니어에게는 필요하다.

★
아이템의 한계

민간기업의 경우 흔히 '노이즈 마케팅'이라고 해서 부정적인 이슈를 만들고 반대 이익을 노리는 홍보 전략들이 존재한다. 고의적인 구설수를 만들어서 인지도를 높이는 마케팅 기법인데 어느 정도 수위만 조절하면 기업 홍보에 많은 도움이 되는 전략이다. 한때 국내 대형할인점에서 '통 큰 치킨'이라는 상품을 내놓은 적이 있다. 국내 주요 치킨 프랜차이즈들이 치킨 한 마리에 12,000~15,000원 정도의 가격에 판매했던 것에 비해 같은 크기의 닭을 5,000원에 판매하는 '통 큰 치킨'은 당시 많은 소비자들의 주목을 받았다. 하지만 "서민 상권을 침해하는 대기업의 횡포다. 아니다. 소비자 이익을 위해 착한 가격으로 양질의 제품을 공급하는 것이다."는 의견이 분분했다. 따가운 눈총을 받기는 했지만 이슈의 중심이 된 이 제품은 없어서 못 팔 정도로 폭발적인 인기를 얻었으며 몇 년이 지난 지금까지도 효자 상품 역할을 톡톡히 하고 있다.

| LG생활건강 세제 'fiji' 광고 | 롯데마트 통큰치킨 |

또 B급, 병맛으로 대변되는 요즘 MZ세대에 걸맞은 홍보 아이템들도 많이 나오고 있다. LG생활건강은 세탁세제 피지(FIGI) 광고를 인플루언서에게 맡겼는데, '본격 LG 빡치게 하는 노래(불토에 일시킨 댓가다ㅎㅎ)'라는 광고 콘텐츠로 500만 회 이상의 조회 수를 기록하며 폭발적인 인기를 끌었다. 이 광고는 '담당자가 컨펌을 해준 게 맞나?' 싶을 정도로 선을 넘는 병맛 노래와 애니메이션으로 만들어져 찾아보게 되는 광고로도 유명하다.

하지만 공공기관에 이러한 것들을 그대로 적용하기에는 분명 한계가 있다.

노이즈 마케팅을 했다가는 각종 언론에 부정 이슈는 물론이고 임원들의 질타가 눈에 보듯 훤하고, B급이나 병맛 콘텐츠가 복잡한 결재라인을 무사히 통과하리라는 보장이 없다. 때문에 공공기관 홍보 아이템은 적당히 재미있고, 적당히 선을 잘 타는 아이템을 만들어야 하다 보니 담당자로서의 고민이 깊어질 수밖에 없다.

우리 공사는 '디지털 트윈'이라는 기술을 국내 최초로 도시에 적용
해 성공적인 성과를 이루어냈다. 그리고 CEO를 비롯한 임원들은
그것들을 국민들에게 알리고 싶어 했다. 하지만 디지털 트윈이라
는 것을 있는 그대로 광고했다가는 아무도 보지 않는 재미없는 광
고가 될 것이 뻔했다. 일반적인 정책 광고에 국민들이 관심을 가질
리 없다. B급, 병맛들까지 고민했지만 '선'을 넘을 것 같은 생각이
들었다. 그래서 디지털 트윈의 핵심 메시지를 '예측'으로 잡고 그것
을 국민들의 생활에 접목시켰다. 디지털 트윈은 가상공간에 현실
세계와 똑같은 쌍둥이도시를 구축해서 실제로는 비용이 많이 소요
되는 각종 실험을 미리 해보고 거기에 대한 효과나 비용 등을 산출
하는 기능이 있다. 이것을 줄이면 '예측'이다. 나는 광고 콘셉트를
'인생은 예측불가, 기술은 예측가능'이라고 잡고, 일상생활에서 예
측이 불가능한 상황들을 접목했다. 핸드폰 충전을 위해 충전기 줄
을 잡아당겼는데 걸려 있던 책장이 쏟아지는 상황, 캠핑을 위해서
텐트를 힘들게 쳤는데 갑자기 비가 오는 상황, 화장실에서 볼일을
봤는데 휴지가 없는 상황 등 누구나 한 번쯤 겪어봤을 예측불가능
한 상황들을 보여주고 마지막에는 디지털 트윈은 예측이 가능하다

는 메시지를 전달했다.

공공홍보는 여러 가지 제약이 많은 업무이다. 돈 안 들고 효과 좋은 아이디어를 꾸준히 뽑아내야 하고, 문제가 없어야 하며, 윗분들의 입맛도 맞춰야 한다. 한 가지도 잘하기 어려운데 공공홍보는 이 모든 것을 충족하면서도 실적을 내야 하는 업무인 것이다. 하지만 좋은 점도 있다. 매출로 직결돼야 하는 기업의 홍보와는 다르게 공공홍보의 성과측정은 정성적, 정량적 등 다양한 방법으로 이루어진다. 인지도 조사결과, 언론보도 건수, SNS 팔로어 수, 블로그 방문자 수 등 충분히 컨트롤해 볼 수 있을 만한 자료들로 측정하는 공공홍보의 성과는 나름의 유동성을 갖고 있다. 참고로 길가는 사람을 붙잡고 "LX한국국토정보공사 아세요?"라고 물어보면 100명 중 99명은 모른다고 하지만 '한국국토정보공사 인지도 조사결과 보고서'에 따른 우리 기관의 인지도는 무려 67%에 이른다. 힘들고 어려운 점이 여기저기 깔려 있지만, 공공홍보는 해 볼 만한 업무이고 충분히 매력적인 업무다.

공공기관 홍보주니어들이여, 희망을 가져라!

공공기관 베테랑 홍보맨 손과장의 홍보 인수 인계서

:
:

★
2장

반공무원의

비애

한 방에 통과되는
결재문서 만들기

새로 홍보부서로 전입한 직원에게 가장 먼저 시키는 일은 뭘까? 아마도 문서함의 공문들을 살펴보는 일일 것이다. 천사 선배가 내게 그랬듯, 나 역시도 새로 들어온 직원들에게 전자결재에 등록되어 있는 4년 치 관련 문서를 일주일 정도 탐독시킨다. 처음에는 무슨 말인지 잘 몰랐던 문서들도 비슷한 프로세스로 진행되는 문서들을 계속 읽고 나면 자연스레 익히게 되고, 업무파악도 빨라진다. '공공부문의 일은 문서로 시작해서 문서로 끝난다'고 해도 과언이 아니다. 최초 계획부터 최종 결과보고까지 현재 하고 있는 모든 일을 기록화하고 결재를 받아야 한다. 그리고 그것은 자료화되어 다른 사람이 더 나은 업무를 하기 위한 밑거름이 된다. 홍보업무를 하면서 이 부분을 절대 간과해서는 안 된다. 물론 홍보업무를 일반적인 공공의 업무에 비해 유연한 게 사실이다. 하지만 공공기관의 홍보 업무 역시도 문서화가 필수라는 사실은 변함이 없다. 기록화가 잘 되어 있지 않은 업무는 인사이동으로 인해 담당자가 바뀌고 몇 년의 시간이 지나면 그 과정을 알고 있는 사람은 사라지고 만다. 그리고 사실관계에 대한 내용을 알 수 없을 때는 외부 감사대상이 될 수도 있다. 문서로 기록한 것들은 자신의 일을 기록하고 조직 내에 해당 업무의 노하우를 남기는 일이기도 하지만, 각종 감사로부터 자신을 방어하는 자료로 활용될 수도 있다. 하는 일은 꼭 문서화하는 습관을 기르도록 하자. 이번 장에서는 공공기관 홍보맨으로서 기본적으로 갖춰야 하는 소양인 '문서작성 기법'에 대해 간략히 소개한다. 물론 이 책이 보고서 작성을 위한 책이 아니기 때문에 깊이 있는 내용을 다루지는 않겠지만, 꼭 필요한 내용들로 정리했으니 참고하기 바란다.

★
보고서에는 역사가 있다

공공부문의 문서작성은 내용만 잘 쓴다고 바로 통과되지 않는다. 결재권자들은 수십 년을 그 계통에서 사용되었던 문서를 봐온 사람들이기 때문에 새로운 형태의 문서를 받았을 때 거부감이 들 수 있다. 내용이 아무리 좋더라고 글자체, 글자크기, 줄 간격, 기호 등이 기존과 많이 다르다면 일단 받아드는 순간 생소하다는 느낌이 든다. 만약 결재권자가 그런 기분을 느꼈다면 당신이 그 보고에서

깨질 확률은 50% 이상이다. 서식은 기본이다. 보통 공공기관은 주무부처에서 사용하는 서식을 많이 활용한다. 내가 근무는 LX한국국토정보공사도 국토교통부 산하 공공기관인 관계로 국토교통부에서 준용되는 서식을 차용해 쓰고 있다. 아무리 맛있는 음식도 그릇이 깨끗해야 먹음직스러워 보인다. 서식을 불필요한 것으로 생각하지 말고 최소한의 예의라고 생각하고 준용하길 바란다.

공문서 작성에서 가장 많이 사용하는 것 중 하나가 날짜, 시간 등의 숫자일 것이다. 날짜나 숫자 역시도 표기해야 하는 서식이 있다.

○ 날짜: 숫자로 표기하며 연·월·일의 글자는 생략
　<예시> 2011. 12. 12.(○), '16. 1.(○), '16. 1(×), 4. 29. ~ 10. 31.(○)
　　　　　2017. 4. 27.(목) (○), 2017. 1월(×), 2017. 1.(○)

○ 시간: 24시각제에 따라 숫자로 표시하되, 시·분의 글자는 생략
　<예시> 15:20 (○), 오후 3시 20분(×)

○ 기타: 296억∨톤, 10만∨톤, 2,134만∨5천∨원(○). 21,345천원(×),
　　　　장소∨:∨대강당(×) → 장소:∨대강당(○)

각 항목에 숫자나 기호를 붙이는 것 역시도 아래와 같은 서식이 있으니 참고하길 바란다.

구　분	항　목　기　호	비　고
첫째 항목	1., 2., 3., 4., …	둘째, 넷째, 여섯째,
둘째 항목	가., 나., 다., 라., …	여덟째 항목의 경우,
셋째 항목	1), 2), 3), 4), …	하., 하), (하), ⓗ 이상
넷째 항목	가), 나), 다), 라), …	계속되는 때에는
다섯째 항목	(1), (2), (3), (4), …	거., 거), (거), ㉖,
여섯째 항목	(가), (나), (다), (라), …	너., 너), (너), ㉘…
일곱째 항목	①, ②, ③, ④, …	로 표시
여덟째 항목	㉮, ㉯, ㉰, ㉱, …	

보고서는 각 보고서의 성격에 따라 작성방법이 있다. 보고서의 큰 틀인 개요를 짜는 단계인데, 우리 홍보주니어를 위해서 각 유형별 보고서 개요 작성방법을 공유한다.

★
정책보고서

---

① 보고 개요   ② 현황과 문제점   ③ 정책수단과 대안
④ 추진계획   ⑤ 건의와 제안

---

① 보고 개요

- 어떠한 문제의식에서 비롯하여 정책을 기획하려고 하는지 등 보고의 목적을 분명히 기술되어야 함

- 해당 정책이 어떤 국정운영 방향, 전략과 연계되어 있으며, 이를 어떻게 실천하기 위한 것인가를 목적 지향적으로 설명해야 함

- 또한, 보고서가 어떤 과정과 토론을 거쳐 현재의 보고서로 완성된 것인지 한눈에 보이도록 소상하게 경과를 밝혀야 함

② 현황 및 문제점

- 올바른 의사결정이 이뤄지기 위해서는 현재 상태에 대한 정확한 인식이 꼭 필요하므로 현황이 어떠한지를 객관적이고 구체적 사실에 기초하여 다각적으로 기술할 필요가 있음

- 구체적 통계, 여론조사 결과, 현장조사 결과 등 입증할 수 있는 자료를 병행 제시

- 현황과 실태를 기술한 후 이러한 상태가 발생하게 된 원인에 대해 단순히 문제점을 나열하는 수준이 아니라 근본 원인을 파악

- 원인 분석 후 지금까지 정부의 대응사례를 분석

- 최초 정책과 후속 정책의 결정 과정 및 담당자, 정책수혜자의 만족도, 소외된 정책고객 등을 파악

- 해당 정책과 관련하여 민간이나 해외에서의 유사 사례 및 효과를 분석하여 적용방안 마련

③ 정책 수단·대안 분석
- 정책을 시행할 경우 어떤 고객이 해당 정책으로 인해 혜택 또는 불이익을 받게 될지 정도를 검토하는 단계

- 정책목표, 사회적 비용, 소요예산, 실행 가능성 등을 고려하여 최적의 정책대안을 제시해야 함

- 정책 시행으로 인하여 어떠한 변화가 일어날 것이며 현재 수준과 얼마만큼 달라질 수 있는지를 예측하여 기재

- 긍정적 효과 이외에 발생할 수 있는 부작용, 문제점도 면밀히 사전 점검하고 그 해결방안도 제시

④ 추진 계획
- 정책을 효과적으로 관리·집행하기 위하여 필요한 조직체계, 인적자원, 예산, 일정 등을 충분히 검토해 정책 실행력을 확보

- 홍보 주요 목표, 홍보대상별 전략, 홍보 방법 등 홍보 계획을 수립

- 홍보 시 주요 메시지와 국정목표·방향과의 연계성 고려

- 정책 수립 시 진행과정 및 사후 평가계획, 평가요소를 점검하여 정책고객, 이해관계자 등의 의견을 모니터링하는 계획을 마련

⑤ 건의 및 제안
- 정책결정권자가 어떠한 의사결정을 하기를 원하는지, 무엇을 조정해 주기를 원하는지를 명확히 서술

★
상황·정보 보고서

① 제목　② 도입문　③ 본문　④ 결론

① 제목 선정

- 수요자가 제목만 보고도 전체 내용을 한눈에 알 수 있도록 핵심사항을 압축하여 작성하는 것이 특히 중요함

- 지나치게 포괄적인 "~동향·~현황"과 같은 용어 사용을 지양하고, 구체적으로 표현토록 함

  예) "금속연맹 최근 동향" ⇒ "금속연맹, 전국 동시 시한부 파업 및 집회 추진"

- 제목의 끝에는 '동작성' 단어를 기재하며 끝 단어는 띄어씀

  예) "어민들, 중국인 불법 어로행위 강력 단속 요망"

② 도입문 작성

- 사용자의 관심 유발 및 핵심 파악을 위하여 가장 중요하고 흥미 있는 내용(보고 목적·방향·대책 등 포함)을 요약하여 제시함

  ※ 육하원칙에 따라 작성하는 것을 원칙으로 하되, 적어도 인물(who) → 시각(when) → 장소(where) → 사건(what)까지는 기술

③ 본문 작성

- 보고내용 중 가장 비중 있는 사안을 앞에 부각시키고, 중요하지 않은 사안은 뒤쪽에 배열토록 함

- 부득이하게 중요 사안을 뒤쪽에 기술할 경우 '특히', '더구나' 등 부사를 써서 관심을 유도

- 문단 길이는 가급적 한 문장이 2~3줄을 넘지 않도록 유의

④ 결론 작성
- 결론 부분에는 '평가·대책·대응방안·조치의견·고려사항' 등을 다양하게 기술하여 의견 결정에 도움이 되도록 함

※ 결론 부분은 수요자에게 행동 방책을 제시하는 경우가 대부분이므로 미사여구보다 객관적인 평가 및 실현 가능한 세부적인 대안 제시가 중요

★
회의 보고서

① 회의자료 보고서
- 회의를 하는 목적(정보공유, 의견수렴, 의사결정)에 따라

• 정보공유 회의 자료는 정보공유의 목적, 전달하려는 내용, 향후 활용방안, 보안 유지 방안 등이 포함되어 있어야 함

• 의견수렴 회의 자료는 브레인스토밍 회의 목적, 배경, 참고자료 등 제공하고 결정 전 의견수렴 시 논의 현황, 쟁점사항과 논거 등을 작성

• 의사결정 회의 자료는 결정대상이 되는 쟁점사항과 논거를 명확히 하고, 이해당사자의 입장을 정리

② 회의결과 보고서

- 회의 내용 전체를 기록하기보다는 주요 쟁점사항 위주로 논리 정연하게 정리하고 발언 순서대로 정리할 필요 없이 주제별로, 발언자별로 회의결과를 정리

- 회의개요에는 회의 목적, 회의 일시와 장소, 회의 안건, 참석자

- 회의결과에는 회의 결과 요약, 회의 발언 요지, 필요시 상세한 발언록 첨부

★
행사보고서

| ① 행사취지 | ② 추진배경 | ③ 행사시기 | ④ 전달 메시지 | ⑤ 기대효과 |

① 행자주재자를 위한 맞춤형 보고서

- 행사주재자가 행사 전체에 대한 윤곽을 이해, 파악 가능토록 작성함

※ 행사 진행에 필요한 모든 내용을 담을 필요 없음

② 행사보고서는 행사를 기획한 의도가 부각되도록 작성

- 행사 개요와 함께 논의 자료, 쟁점사항, 토론 참석자에 대한 정보가 가장 핵심으로 주최 측에 대한 상세한 소개, 행사장에 대한 설명 등은 큰 도움이 안 됨

③ 행사 종류별로 준비해야 할 보고서가 상이

가장 참고하기 좋은 자료는 청와대의 보고서이다. 대한민국 보고서의 끝판왕이 바로 청와대이기 때문이다. 2006년 청와대 비서실에서 '보고서 작성 매뉴얼'을 만든 적이 있다. 공공기관 베테랑들 사이에서 족보처럼 내려오던 문서인데 나도 운 좋게 파일을 받을 수 있었다. 책을 통해 전체 내용을 공개하지는 못하기에 청와대 보고서 작성 매뉴얼에 수록되어 있는 기본 10원칙을 공유한다.

1) 결론을 먼저 서술(Put big picture, Conclusion First)
   - 판단을 먼저 제시하고 뒤에 보충할 수 있는 사항을 기술
   ※ 정보사용자는 시간이 촉박하여 무엇을 말하려고 하는가를 빨리 알고 싶어 함

2) 정보의 조직화, 체계화(Organize Information)
   - 혼란을 야기하지 않도록 입수된 정보를 논리적으로 체계화
   ※ 불필요한 반복을 회피하고 요점을 정리

3) 보고서의 형태 이해(Understand Format)
   - 해당 양식의 서술기법에 따라 기술

4) 적합한 언어 사용(Use Precise Language)
   - 작성자와 사용자가 똑같이 이해할 수 있도록 적합한 언어를 구사
   ※ 두줄 정도가 적절하며 대화체로 서술하고 미사여구와 전문용어는 회비

6) 생각한 것을 분명하게 표현(Achieve Clarity of Thought)
   - 표현이 불분명하면 내용도 불분명하므로 작성 전 생각하는 바를 미리 정리

7) 능동태 표현(Use Active Voice, not Passive Voice)
   - 능동태 문장은 직접적이고 확실하고 적극적인 의미를 전달

8) 자기가 작성한 보고서를 스스로 편집(Self-edit Your Writing)
   - 보고서 제출 전 다시 읽고 수정하여 최상의 것이라고 판단했을 때 제출
   ※ 동료에게 미리 보여주어 오자·탈자·내용상 하자 등에 대해 의견을 얻어 수정

9) 정보 사용자의 수요를 분명히 알 것(Know your reader's Needs)
   - 정보 사용자가 무엇을 알고 싶어 하는가를 끊임없이 생각

10) 동료의 전문지식과 경험 활용(Draw on the Expertise and Experience of your colleagues)
   - 동료들의 통찰력과 지식의 도움을 받는 것이 필요

★
그분들이 없는 두 가지. 시간과 인내심

보고서 작성은 누가 중요할까? 일은 추진할 담당자일까? 아니면 보고를 받는 사람일까? 당연히 보고받는 사람이다. 보고서의 목적은 내가 보고할 내용을 효과적으로 요약해 윗분에게 전달해 결재를 받는 것이다. 문서는 소통의 매개체이다. 문서의 중심은 대화이다. 문서를 통해 윗분과 대화해야 한다. 하지만 안타깝게도 대한민국 국민들의 특성 중 하나가 바로 결론을 맨 뒤에 이야기한다는 것이다. 한국인이라면 상대방과 대화할 때 바로 본론부터 꺼내버리면, '예의 없는 사람'으로 인식될 것이란 두려움이 있다. 얼마나 뒤에 본론을 이야기하는 것을 좋아하면 '한국말은 끝까지 들어봐야 한다'라는 말까지 나왔을까. 하지만 보고서에서는 그런 예의가 통용되지 않는다.

왜냐하면, 윗분들은 두 가지가 없으니까. 다 갖춘 훌륭한 윗분들이라고 이것 두 가지는 갖추지 못한 분들이 많다. 하나는 '시간'이고 다른 하나는 '인내심'이다. 10분 단위의 스케줄과 의사결정이 필요한 수많은 보고 건들이 매일매일 올라오는 자리에 있는 분들은 항상 시간에 쫓기고, 빠른 결정이 필요하다. 때문에 보고를 받을 때 윗분들은 담당자가 수많은 자료조사와 환경 분석, 레퍼런스를 보고서에 담았더라도 핵심을 가장 먼저 듣고 싶어 한다. 그리고 우리는 보고하는 사람의 입장에서 그분들의 니즈를 충족시킬 의무가 있다.

대면보고 때 기획 경위를 설명하더라도 보고서의 처음에는 그 문서의 핵심을 2줄로 요약해서 눈에 띄게 배치해야 한다. 또한 각 단락마다 처음 역시도 그 단락의 핵심을 요약해서 적어야 한다. 두괄식은 보고서의 핵심이다. 중요하다고 생각하다면 무조건 앞으로 빼라. 빙빙 돌려서 말하는 것을 윗분들은 가장 싫어한다. 빙빙 돌리는 얘기는 술자리 안주만으로 충분하다.

★
Why 없는 보고서는 백전백패

흔히 보고서나 문서를 작성할 때 간과하는 것이 바로 '왜'라는 부분이다. 이것을 명확히 하지 않고 '이 프로젝트를 이렇게 추진하면 이 정도 예산이 들고 이런 효과가 있을 것 같습니다!'라고 구구절절하고 거창하게 쓰는 보고서를 자주 접하곤 한다. 하지만 공공홍보는 상품을 팔기 위한 행위가 아니기 때문에 공공기관에서 어떤 일을 추진할 때 가장 중요한 것은 '왜'이다. 즉 당위성을 충분히 설명해야 한다. 많고 많은 것 중에 왜 그것을 해야 하는지, 다른 것을 했을 때는 그 효과가 안 나는지, 그것에 예산을 투입해야 하는지 등 '왜'라는 의문이 해소되지 않고 자기가 하고 싶은 것만 늘어놓은 보고서는 보고받는 사람의 머릿속을 물음표로 가득차게 만든다. WHY에 대한 필요성은 이 책의 전반에 걸쳐서 나온다. 그만큼 공공홍보에서 WHY는 핵심 가치라고 볼 수 있다.

LX한국국토정보공사에서 약 10년간 발간해오던 대국민 잡지가 있었다. 〈땅과 사람들〉이라는 사외보였는데, 그 업무를 담당하던 직원이 육아휴직을 들어가는 바람에(공공기관은 육아휴직이 비교적 자유롭다. 심지어 남직원들도 많이 하고 있는 추세다) 내가 그 업무를 맡게 되었다. 홍보처 전체 예산의 10%를 차지하는 큰 업무지만, 그동안 별 탈 없이 진행되어왔던 루틴한 업무이기에 그해 추진 기획안을 전년도 자료를 참고해서 작성하고 사장님 보고를 들어간 적이 있다. 추진계획을 쭉 설명한 후 사장님이 처음 한 질문이 "근데 이건 왜 하는 건가?"였다. 새로 부임한 사장님 입장에서는 그 업무가 왜 필요한지에 대한 의구심이 들었던 것이었다. '아차!' 싶었다. 그 부분에 대해서는 문서를 작성하면서 전혀 고민하지 않았던 부분이었다. '해 오던 것이니까'라는 안일한 생각에 사로잡혀 가장 기본적인 '왜'를 고민하지 않는 덕분에 그 보고는 엉망진창이 되었고, 부서장에게도 심한 꾸지람을 듣고 전면 재검토를 한 경험이 있다.

'왜'가 빠진 보고서는 '기획'이 아니라 '계획'이다. 절차를 나열해 놓은 방향 없는 문서이다. 문서의 본질은 커뮤니케이션과 설득이다. 문서는 내가 하고 싶은 일을 하기 위해 보고받는 사람을 설득하는 도구가 되어야 한다. 그리고 문서를 읽는 사람에 대한 첫 번째 설득 요소는 '왜 이 과제를 수행해야 하는가?'이다. 읽은 사람은 프로젝트 수행의 그 '당위성'이 느껴지지 않으면 문서를 읽고 싶지 않을 것이다. 문서 작성을 시작할 때는 궁극적인 취지를 생각하고 목적을 기술하라. 그리고 그 프로젝트를 해야 하는 당위성 반드시 명시해라.

피라미드 구조

내가 주장하고 싶은 내용을 잘 전달하기 위해서는 보고서의 흐름이 있어야 한다. 결재권자가 보고서를 읽다가 "응?" 이런 반응이 나온다면 그 보고서는 낙제점이다. 보고서가 명확한 흐름을 가지면서 중복이 없고 간결하게 구성되기 위해서는 글의 구조가 필요하다. 그때 가장 효과적인 방법이 피라미드 구조이다. 2004년대 바바라 민토가 '논리의 기술'이란 책을 통해서 제시한 글의 구조화 기법인 피라미드 구조는 현재까지도 비즈니스 세계에서 가장 많이 활용되고 있는 구조화 기법이다. 피라미드 구조는 아래와 같다.

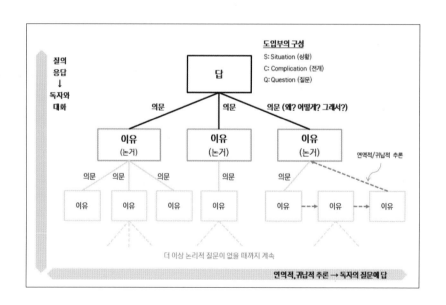

먼저 최상단에서는 이 기획안에서 말하고자 하는 주장을 담는다. 그리고 아랫단에서는 상황, 문제, 대책 순으로 흐름을 짜고 각 단락 아래는 그것의 사례와 구체적 내용을 담는다. 상부와 하부는 서로 귀납적 연관성이 있어야 하며, 맨 하부는 윗단을 설명해줄 수 있는 근거와 절차가 담겨야 한다. 정리하면 상단=설득목표, 중단=근거, 하단=보충으로 생각하고 글의 구조를 짠다면 보고받는 사람의 이해도를 높일 수 있을 것이다.

연역적 추론은 사실관계들의 연결로 결론을 만들어내는 방식이다. 예를 들어 '새는 하늘을 난다 → 나는 새이다 → 그러므로 나는 하늘을 난다.'라는 추론을 통해 '나는 새이기 때문에 하늘을 난다'라는 결론을 추론하는 방식을 연역적 추론이라고 한다.

귀납적 추론은 다양한 사실들을 모아서 하나의 추론을 완성하는 방법이다. 예를 들어 '프랑스 탱크가 폴란드 국경에 배치되었다', '독일 탱크가 폴란드 국경에 배치되었다', '러시아 탱크가 폴란드 국경에 배치되었다'는 사실을 통해 '폴란드가 여러 나라의 탱크에 의해 침략당하기 직전이다'라는 결론을 추론하는 방식을 귀납적 추론이라 말한다.

민토 피라미드는 이러한 연역법과 귀납법을 이용해 하나의 결론을 내는 방식인데, 생각이 잘 정리되지 않는 사람들이 글의 구조를 짜기에 매우 적합한 방법이라고 할 수 있다. 예를 들어 새로운 홍보 기획안을 한다면 첫 번째 논거에는 상황을 설명하고 하단에는 상황에 구체적인 사실들을 적는다. 구체적인 사실은 귀납적 추론을 활용하며, 다른 논거에서는 상황에 따른 문제점을 말한다. 이때 상황과 문제의 논거는 연역적 추론을 적용한다. 문제의 하단에서 귀납적 추론으로 근거를 제시하고, 문제의 해결방법, 실행방안, 효과 등을 제시하면 된다.

결재 문서를 작성할 때 피라미드 구조를 활용하면 먼저 문서의 가장 필수적인 기술인 '논리(論理)'를 만들 수 있다. 논리가 있으면 보다 효과적으로 내가 하고자 하는 일을 전달할 수 있다. 또한 보고를 받는 윗분들도 올바른 인식과 판단을 도모할 수 있다. 논리가 없으면 무작정 흐름에 따라가거나 틀 안에 머무는 문서를 만들 확률이 높다. '설득의 논리학'의 저자 김용규 작가는 "논리적으로 생각할 수 있는 사람은 문제에서 기회를 찾아낸다"라고 말했다. 피라미드를 활용한 논리구조는 업무의 능률은 물론이거니와 효과적인 문제 해결 방안을 도출하는 데에도 많은 도움이 된다. 생각이 정리가 안 된다면 맨 땅에 헤딩하지 말고 피라미드를 그려보자.

★
개살구도 빛이 좋아야 들여다본다

가끔 보고서에 글자만 빽빽하게 꽉 찬 페이지를 만나게 된다. 이는 보자마자 '아~ 읽기 싫다. 어렵다.' 이런 생각이 들게 하는 보고서다. 이건 나만의 생각일까? 나보다 아는 것도 많고 경험도 많은 전문가들은 그 보고서를 보고서라도 한눈에 '이거야!'라고 알아볼 수 있을까? 안타깝게도 대답은 'No'이다. 보고를 받는 윗분들도 마찬가지다. 인간은 누구나 글을 읽는 것을 싫어한다.

각 나라 사람들의 월평균 독서량을 분석한 통계에 따르면 미국 6.6권, 일본 6.1권, 프랑스 5.9권인데 반해 우리나라 사람들의 독서량은 0.8권 수준에 불과하다고 한다. 더욱이 요즘 들어 유튜브를 비롯한 수많은 영상 콘텐츠들이 넘쳐나기에 글에서 정보를 얻으려고 하는 비율은 점점 낮아질 것이다. 인간은 누구나 더 쉽고, 더 편하고, 더 빠른 것을 원한다. 보고서를 작성할 때도 이러한 인간의 본성을 충분히 고려해야 한다. 읽는 걸 싫어하는 인간에게 어떻게든 내가 쓴 보고서를 읽게 만들려면 '보기 좋게', '읽기 좋게' 만드는 스킬이 필요하다.

우선 글자로만 빡빡한 보고서는 금물이다. 보고서를 작성할 때는 줄 간격이나 문서의 위아래 부분에 충분한 여백을 두어야 한다. 우리는 '문서에도 숨 쉴 구멍을 줘야 한다'고 한다. 내용을 작성할 때도 오른쪽 끝까지 채우는 글은 자제해야 한다. 그렇다고 무작정 Alt+L을 눌러서 자간을 조정하는 것은 초보 중에 초보라는 티는 내는 것이다. 장평은 95~100% 정도가 적당하고, 자간은 -5%를 넘기지 말자.

사진, 표, 그래프 등을 활용하는 것도 좋다. 인간은 시각적 정보에 우선 관심을 갖기 때문에 문서를 볼 때에도 시각적 자료를 먼저 보게 된다. 가장 좋은 것은 해당 문단의 주요 내용을 한눈에 나타낼 수 있는 사진을 활용하는 것이다. 통계적 자료가 들어가는 것이라면 표보다는 그래프를 추천한다. 이러한 시각적 자료는 활용하기 좋은 반면에 주의해야 할 점도 있다. 아무 의미 없이 예뻐 보이는 자료를 활용하면 안 된다는 것이다. 잊지 말아야 할 것은 시각적 자료는 내가 알려주고자 하는 내용을 더 쉽게 전달하기 위한 매개체라는 사실이다. 때문에 활용되는 사진, 그래프들이 무엇을 의미하는지를 명확히 해야 한다. 그래프라면 핵심적인 수치 등을 표현한 부분에 빨간 박스를 친다든지, 표의 경우 가장 중요한 수치에 색을 넣는다든지 해서 한눈에 그 이미지가 어떤 말을 하고 싶은지를 표현해야 한다. 사진은 원본사진을 잘라내기 등으로 편집해서 주제를 강조할 수 있는 사진을 활용하는 것이 좋다. 시각적 자료는 문서에서 가장 먼저 눈이 가는 곳이기 때문에 내용을 보지 않더라고 문서의 대략적인 내용을 유추할 수 있어야 한다는 사실을 잊지 말아야 한다.

좋은 보고서는 하루아침에 만들어지지 않는다. 많이 써보고 잘된 문서를 많이 봐야 한다. 하지만 아무리 뛰어난 보고서 작성 스킬이 있더라도 이 보고서를 작성하는 근본적인 목적을 잊어서는 안 된다. 보고서는 알릴 '보(報)', 고할 '고(告)' 글 '서(書)'라고 쓴다. 상급자에게 알리고 고하는 글이란 뜻이다. 나 중심이 아니라 상대방의 관점에서 상대방이 궁금해 할 만한 내용을 담아서 상대방이 쉽게 이해할 수 있도록 작성하는 것이 공공부문 보고서의 핵심이다. 잊지 말자. 보고서는 쓰는 사람이 아니라 보고받는 사람을 위한 글이라는 것을.

공공부문 보고의 BTS
'원페이퍼 보고'

최근 공공부문의 보고서 트렌드는 '원페이퍼'다. 보고서 작성에 소요되는 행정력 낭비를 막고 업무 효율을 높이자는 취지인데, 보고서를 쓰는 입장에서는 한 장 안에 내가 말하려고 하는 내용을 압축해서 담아야 하기 때문에 짧지만 어려운 문서다. 셰익스피어는 10장짜리 편지를 쓰며 마지막에 "시간이 없어서 줄이지 못했다"라고 적었다 한다. 세계적인 거장 셰익스피어도 그렇다는데 평범하기 그지없는 우리는 오죽하겠는가. 글을 많이 쓰는 것보다 압축해서 줄이는 것이 훨씬 더 힘들다. 하지만 시간과 인내심이 없는 상급자를 위해서 우리는 원페이퍼 만드는 연습을 꾸준히 해야 한다. 이번 장에서는 아마도 당신이 공공부문 종사자로서 가장 많이 작성해야 하는 문서가 될 '원페이퍼 보고서' 작성 방법을 소개하겠다.

★
단순함이 진리다

앞서 말한 바와 같이 보고서는 작성자 입장이 아니라 읽는 사람, 즉 보고받는 사람의 입장에서 작성해야 한다. 보고받는 사람(윗분)들은 핵심을 듣고 싶어 한다. 상사들은 보고서에 이 기획을 하는 이유, 내용, 효과 이 세 가지만 있으면 의사결정을 내릴 수 있다. 때문에 긴 보고서를 압축해 놓은 원페이퍼 보고서에도 이런 핵심들이 들어가야 한다. 본 보고서에서 사용했던 자료들은 대부분 잘라내고 핵심 위주로 간결하게 작성하는 것이 원페이퍼 보고서의 핵심이다. 아깝다 생각하지 말고 미련 없이 버리자.

단순함을 좋아하는 것은 요즘 대세로 떠오르고 있는 MZ세대만이 아니다. 세상에는 단순하게 생각하고 일하라는 메시지가 넘쳐나고 있다. 서점의 경제경영이나 자기계발 코너에는 단순함을 외치는 책들이 넘쳐나고, 세상에 옷은 청바지와 검은색 터틀넥밖에 없는 건가 싶은 스티브 잡스는 '심플'을 종교처럼 추앙했다. 그리고 애플은 아직도 '심플'한 기능과 디자인으로 전 세계적으로 사랑받고 있다. 원페이퍼 보고서도 단순해야 한다. 핵심을 전달해야 한다. 단순함은 누구에게나 통하는 진리이다. 많이 버리고 핵심을 관통하는 메시지로 원페이퍼 보고서를 채워 보자.

2020년에 사장님 지시사항으로 기관 전체의 홍보 전략을 수립한 적이 있다. 홍보부서에서만 추진하는 홍보가 아니라, 약 5,000여 명이 근무하고 있는 LX한국국토정보공사 전체가 유기적으로 연계된 홍보 전략을 세우라는 불호령 같은 사장님의 말씀에 따라 단기간에 정말 정신없이 홍보 전략을 수립했었던 기억이 난다. 몇날 며칠을 고민하고 자료를 수집하고 어렵사리 사장님의 오케이 사인을 받았는데, 전사가 참여하는 홍보 계획인 관계로 문서의 양만 해도 15페이지가 넘었다. 하지만 사장님 보고는 항상 원페이퍼로 해야 하기에 15장의 전체 문서를 한 장으로 줄여야 했다. 추진 전략을 글자로 표현하면 도저히 답이 안 나온다는 생각에 디자인을 담당하고 있는 차장님의 힘을 빌려 간단하게 도식화해 원페이퍼 보고서의 반을 메꾸고 앞부분에서는 'Why'에 대한 답을 적었다. 글자도 대폭 줄였는데, 아래에서 보는 한 페이지를 빽빽하게 채운 내용을 4줄로 압축해서 현황과 문제점을 한 번에 분석했다. 말하고 싶은 것은 많았지만 '버리는 게 미덕'이라는 생각으로 어렵게 조사하고 작성했던 글들을 잔뜩 버렸었다. 단순하고 간단하게 가자. 원페이퍼의 핵심이다. '단순', '명료'.

원페이퍼 보고서는 상세보고서보다 들어가는 시간이 상대적으로 적다. 집짓기로 비교하자면 원페이퍼 보고서는 지붕과 벽체가 없고 기초와 골조만 있는 집과 같다. 문제의 핵심, 본질만 보여주면 된다. 원페이퍼 보고서에서 가장 중요한 것은 제거와 압축이다. 제거해도 본질이 흐트러지지 않는 것은 과감하게 제거하고 압축하고 줄여도 의미 전달이 되는 것들은 줄여야 한다.

[원본 문서]

① 외부환경

□ (언론 환경) 지난해 언론 및 간행물 등록건수는 21,781건으로 전년
  대비 1,151건(5.6%) 증가했으며, 특히 인터넷 신문 최대폭(14.3%) 증가

□ (매체 환경) 스마트폰 매체중요도 63%, 온라인동영상서비스(OTT)
  이용률 50% 도달 등 매체이용의 급격한 변화(50대이상 OTT이용률 98.8%↑)

□ (콘텐츠 환경) 비주얼과 스토리가있는 콘텐츠의 강세, 친밀도와
  신뢰도가 높은 인플루언서[1]의 영향력확대 등 콘텐츠의 다양화

  * 충주시의 페이스북, 한국관광공사의 홍보영상 등 공공부문 우수콘텐츠 증가

② 내부환경

□ (인지도) 대국민 인지도는 '19년 63.3%로 전년대비 3.9% 향상
  됐으나, 사업이해도는 27.7%로 공사 사업에 대한 국민 이해 부족

  * 고객지원처 '2019년 LX고객만족도 통합조사' 결과에 따른 인지도 분석

□ (언론홍보) '19년 언론노출은 2,470건으로 지난해 대비 11.3% 증가
  했으나 행사중심의 보도자료와 1회성 언론보도로 홍보효과 미흡

□ (홍보매체) 각 부서의 사업 및 정책 홍보방법이 언론홍보에만 집중
  되고 있으며, 대상과 목적에 따른 다양한 홍보매체 활용 부족

◇ 시사점: 홍보환경의 트렌드변화 반영 및 사명홍보를 넘어서는 사업
  홍보를 위해 새로운 홍보전략과 매체활용의 다변화가 필요

---

1) 사회에 미치는 영향력이 큰 사람을 의미하며, 특히 웹. SNS 상의 유명인을 지칭함.

[원페이퍼로 표현된 4줄]

『The 나은 LX 홍보전략』수립 (안)

한발 앞선 사업중심의 홍보전략과 내부 홍보마인드 함양을 통해
공사 인지도 향상과 사업분야 新수요 창출에 기여하고자 합니다.

□ 추진배경
○ CEO 지시사항 "부서별 홍보계획을 바탕으로 전사차원 홍보전략 마련"(11. 04.)

□ 현황 및 문제점

○(인지도) 사업인지도 27.7%/사업에 대한 국민들의 이해부족(전체인지도63.3%)

○(언론홍보) 언론노출은 증가하고 있으나 행사중심, 1회성 언론보도 중심

○(홍보매체) 대상과 목적에 따른 홍보매체 활용이 부족(언론보도 중심의 홍보)

☞사업 新수요창출을 위해 새로운 홍보 전략과 매체활용의 다변화 필요

□ 추진전략

'The 나은 LX홍보전략'

 미션 | 한 발 앞선 홍보전략으로 인지도 향상과 사업분야 新수요 창출

❶ The 깊은 사업중심 홍보	기관별자체 홍보계획 수립	❸ The 높은 홍보마인드	전문가교육을 통한 역량강화
	홍보 키메시지 도출		위기상황 대응능력 향상
	매체활용 가이드라인 수립		유관기관홍보소통 채널 마련
❷ The 확실한 언론홍보 체계	기획보도중심의 언론홍보	❹ The 깐깐한 홍보성과 관리	분기별 실적조사 및 환류
	보도자료 작성체계 개선		전사 홍보담당자 운영
	언론홍보기준 정립		홍보우수 기관 인센티브 강화

세익스피어가 말한 것처럼 글은 쓰는 것보다 줄이는 것이 더 어렵기 때문에 글을 줄이는 연습을 꾸준히 해야 한다. 같은 일을 하더라고 원페이퍼 보고서 한 장 만드는 데 하루 종일 걸리는 사람이 있고, 30분 만에 뚝딱 만들어내는 사람들이 있다. 후자는 많은 원페이퍼를 만들어 본 사람일 것이다. 보고서 작성, 특히 문서를 줄여서 핵심을 전달하는 것은 많은 연습이 필요하다. 하지만 수많은 연습 전에도 글의 틀을 짜는 것은 아래와 같은 방식으로 연습할 수 있다. 원페이퍼 보고서가 낯설다면 자신이 쓴 글을 아래 방식에 맞춰 작성해 보는 연습을 추천한다.

★
두 줄 안에 상사를 설득해라

원페이퍼 보고서에서 전체 페이지의 15%는 추진 배경이나 추진 근거로 작성해야 한다. 원페이퍼에서는 보통 2줄 정도를 차지한다. 2줄 안에 왜 이 기획을 추진해야 하는지 당위성을 설정해야 한다. 가장 좋은 것은 관련법에 의한 것이나 환경 분석에서 명확한 시사점으로 나온 것들을 제시하는 것이다. 가장 조심해야 할 것은 '계속 해왔던 것이라서'이다. 'Why 없는 보고서는 백전백패'에서 나의 사외보 〈땅과 사람들〉 실패사례를 말했을 것이다. 전임자가 했던 것이라서, 내가 작년에 했던 업무라고 해서 그 일의 당위성을 누락한다면, 윗분에게 탈탈 털릴 각오를 하는 것이 좋다. 작년에 했던 업무라고 해서 올해 또 해야 할 이유는 없다. 기존에 해왔던 업무를 그대로 하는 것이라면 그 일은 높은 연봉을 받는 직원이 아니라 이제 막 대학을 졸업한 아르바이트생도 할 수 있는 일이다. 내 일이라면 왜 그것을 해야 하는 명확한 근거를 제시해야 한다. 예를 들어 행사를 개최하는 보고서를 만든다면, 이 행사가 얼마나 필요한지를 말해야 한다. 1) 최근 정부 정책이 국민소통을 중점으로 두고 있고, 정부기관 경영평가 부분에서 국민소통 비중이 점점 커지고 있다. 2) 오프라인에서 국민과 소통을 한다면 1차적으로 행사 참가자들에게 기관을 알릴 수 있고 보도자료 배포, 영상 제작 등을 통해서 공사의 영향력을 확대할 수 있다. 이 정도로 근거를 제시할 수 있을 것이다. 만약 연초에 윗분의 결재를 받은 전체 홍보계획에 행사계획에 대한 내용이 한 줄 정도 들어가 있다면 그것도 근거로 넣을 수 있다. 원페이퍼 보고서에서 처음은 두 줄 안에 상사를 설득하는 일이다. 상사가 고개를 끄덕일 만한 근거와 배경을 확실하게 제시해라.

★
주요 내용은 중복 없지만 빠진 것도 없이 써라

첫 두 줄에서 추진 근거와 배경으로 이 기획의 당위성을 설득했다면 이제는 무엇을 할 것인지를 보고해야 한다. 전체 분량 중에 70% 정도를 차지하는 내용이자 핵심사항이 담기는 부분이다. 본문에는 무엇을, 누가, 어떻게, 언제 할 것이며 소요되는 예산이 얼마

인지를 명시해야 한다. 한 문장은 한 줄을 넘기지 않도록 간단하게 작성하고 부연 설명이 있다면 '*' 표시를 달아서 2포인트 작은 중고딕으로 추가 설명을 해야 한다. 원페이퍼는 보통 15포인트로 작성하고 부연 설명은 13포인트로 작성하면 보기 좋은 보고서가 된다. 본문의 글자체는 신명조를 추천한다. 행사계획서를 보고한다면 본문에는 행사명, 일시와 장소, 참석인원, 행사의 주요내용, 소요예산 등이 들어가면 된다. 그리고 임원급이 참석하는 행사라면 인사말, 사진 촬영 등 임원이 해야 하는 역할을 구체적으로 명시해 주는 것이 좋다. 만약 행사내용이 별로 없다면 타임 테이블을 간단히 넣는 것도 한 방법이다.

★ 구체적인 효과를 제시해라

추진 배경과 방법을 설명했다면 마지막 15%는 이 기획에 따른 효과나 향후 계획을 알려야 한다. 효과는 추상적인 효과는 자제하는 것이 좋다. 윗분들은 구체적인 효과를 원한다. 이 기획을 자신이 통과시킨다면 그 효과는 자신의 공적이 되기 때문에 수치화할 수 있는 구체적인 효과를 선호하는 것이다. 물론 아직 일어나지 않는 일의 효과를 구체적으로 적는다는 것은 매우 어려운 일이다. 하지만 이전의 유사사례들의 결과보고서를 참고해 대략적인 효과를 유추하는 것은 가능하다. 예를 들어 언론보도 ○○회 이상 노출에 따른 ○○○원의 광고효과 예상 수치들은 간단한 계산으로도 가능하다. 만일 정량적인 효과를 측정할 수 없는 기획이라면, 마지막 15%를 효과가 아닌 향후 계획으로 채울 수도 있다. 이번 기획을 시작으로 '앞으로 어떻게 확대해 나가겠다'라든지 '효과 분석을 통해 연차별 추진을 하겠다'라든지 하는 계획을 넣으면 원페이퍼 보고서가 완성된다.

공공부문의 보고서는 지나치게 형식을 중요시 해왔다. 핵심 내용보다는 줄 간격, 폰트 크기, 보고서 작성의 완결성 등을 위해서 많은 에너지를 쏟다 보니 민간보다는 의사결정이 느리고 추진력이 떨어진다는 지적을 많이 받아왔다.

이제는 공공부문도 바뀌고 있다. 보고서를 예쁘게 꾸미는 시간을 줄이고 의사결정도 빨리할 수 있도록 원페이퍼 보고서가 점차 확대되고 있다. 하지만 간단히 작성하는 원페이퍼 보고서라고 핵심이 빠진다면 아무것도 얻지 못하고 '알맹이가 없다'는 상사의 핀잔을 들을 수 있다. 보고서는 일종의 커뮤니케이션 수단이다. 내가 알고 있고 하고자 하는 일을 설득하기 위해서는 업무에 대한 사전 지식도 충분해야 하지만 핵심을 잘 골라내서 보고서에 담는 역량도 있어야 한다. 이 챕터에서 알려준 팁을 활용해 부디 한 방에 설득되는 원페이퍼 보고서를 뚝딱 만들어내는 공공부문 홍보주니어가 되길 바란다.

★
3

용역,
해보셨어요?

LX한국국토정보공사는 전국적인 조직망이 있는 기관이다. 거의 모든 시·군·구에 지사가 있다. 때문에 전국의 지사를 총괄하는 본사의 역할은 전체적인 관리를 위해 매우 중요하고, 또한 본사에서 근무하기도 쉽지 않다. 그리고 가장 결정적으로 본사 근무는 현장에서의 업무와는 완전히 다르다. 내가 처음 본사로 발령받은 후 근무한 부서는 사업부서였다. '공간정보'라는 신사업을 개발하고 확대하는 부서였는데, 본사 발령을 받자마자 엄청난 페이퍼 워크와 행정처리로 정신이 없었다. 매일매일 야근으로 밤을 지새우다시피일을 했었는데, 더 큰 난관이 곧 다가왔다. 바로 '시스템 개발 사업 발주'. 두둥! 그때 당시 공공부문은 시스템에서 Active-X를 걷어내는 작업을 하고 있었는데, 우리 공사의 시스템 중 '침수흔적관리시

64

스템'도 그 대상이 되어, 겸사겸사 Active-X도 걷어내고, 화면 구성을 바꾸는 등 시스템 개선을 진행하는 용역이었다. '발주'라는 단어 자체를 처음 들었던 나에게 수천만 원짜리 시스템 용역을 발주하는 것은 완전히 새로운 도전이었다. 내가 하고자 하는 용역의 내용을 정리하고, 업체에서 제안해 줬으면 하는 사항들을 기록한 RFP(Request For Proposal/제안요청서) 작성부터 금액을 구성하는 산출내역서 작성까지 모르는 것 투성이였다. 아쉽게도 전임자는 파일 복사만 해주고 다른 곳으로 가버린 상황에서 나 혼자 헤쳐나가야 하는 일생일대의 난관이었다. 창피한 일이지만 그때 올린 시스템용역발주 결재문서는 총 8번의 반려를 받았고, 계약부서에 가서도 비공식적으로 10번 이상 깨졌다. 진짜 눈물 콧물 쏙 빠지게 학습을 하고, 어렵게 용역 발주를 완료했던 경험이 있다. 물론 업체를 선정하는 과정, 사업을 완료하고 결과를 보고하기까지도 많은 어려움이 있었다. 난생처음 해 보는 일이니 당연히 그럴 수밖에. 그때 느낀 것은 "아, 현장에서 돈 벌기도 힘들지만, 그 돈을 잘 쓰는 것도 이렇게 힘들구나!"였다.

현장업무를 10년 간 해오면서 모든 측량업무, 기술적인 일들은 스스로 해야 했다. 외부인이 도와줄 수도 없었으며, 내가 한 측량업무는 같은 조직에서 다른 사람이 대신 마무리해줄 수도 없었다. 오롯이 혼자서 처음부터 끝까지 마무리해야 했다. 하지만 홍보업무는 나 혼자서 할 수 없는 일들이 많았다. 시스템, 영상 제작 등 전문가의 능력이 필요한 부분이 있었다. 이때 추진하는 것이 바로 '용역'이다. 용역은 모든 일을 담당자 혼자 할 수 없기에 업무의 효율성과 빠른 추진을 위해 일정 비용을 주고 외부 전문가나 전문기관에 일을 맡기는 것을 말한다. 앞서 말한 침수흔적관리시스템 Active-X 제거 및 고도화 용역 같은 업무를 비전문가인 담당자가 할 수 없으니 용역을 맡기는 것이고, 그렇게 용역이 있다는 것을 알리고 수행사를 모집하는 과정이 '발주'이다. 물론 '용역'은 꼭 필요에 의해서 추진해야 한다. 공공부문의 특성상 예산이 넘쳐나는 곳은 없다. 홍보업무에서 용역은 정해진 예산 안에서 효율적으로 홍보업무를 추진하기 위한 수단인 것이다. 용역을 추진할 때는 우선 '왜 이 사업을 하는지', '우리 기관은 이 사업을 통해서 무엇을 달성할 것인지'를 명확히 해야 한다. 담당자가 정확한 목표(Goal)를 갖고 있지 않으면, 용역을 수행하는 수행사도 힘들고 용역이 끝난 후에 원하는 결과물을 얻을 수도 없다. 홍보업무를 하면서 추진한 대표적인 용역들은 광고제작, 간행물(책) 제작, 홈페이지 구축, SNS 운영, 영상 제작, 홍보물 제작 등이 있다. 각 부문별로 전문적인 기술과 제작 노하우가 필요한 부분이다. 광고 제작의 경우 국내에서는 대형 광고기획사들이 많이 있다. 하지만 제일기획, 대홍기획 같은 국내 대형 기획사들은 적은 예산의 공공부문 광고에 별다른 관심이 없다. 참고로 국내 광고시장의 80%는 상위 5개 대형 광고회사들이 독점하다시피 한다. 하지만 우리 공공은 진흙 속에 진주를 발굴해야 한다. 뛰어난 창의성이나 기술력이 있지만 아직 빛을 보지 못한 곳을 찾아내 사업을 수행해 나가야 한다. 광고뿐 아니라 다른 용역들도 마찬가지다 이번 장에서는 용역을 추진하는 방법과 용역 추진 시 꼭 챙겨야 할 점들을 말하고자 한다.

★
방향을 잡자

사실 대부분의 용역 계획은 전년도에 대략적으로 세워진 상태에서 진행된다. 인사이동으로 인해 새로 부서를 옮겼거나, 사무분장이 다시 됐다면 아마도 지난해 세워진 사업예산에 따라 사업을 추진하게 될 것이다. 여기서 중요한 것이 예산을 수립할 때는 대략적인 윤곽만 그리지 정확한 사업계획이 세워지지 않았다는 점이다. 그래서 당해연도 담당자는 그 사업을 추진하기 위해 많은 고민을 해야 한다. 용역 추진을 위해서는 담당자의 구상이 가장 중요하다. 어떤 일을 할 것이며 그중에서 어떤 부분을 용역으로 할 것인지 정해야 한다. 그리고 공공에서는 그 일을 '왜' 하는지가 가장 중요하다. 근거가 필요한 것이다. 자신에게 맡겨진 모든 일을 용역을 줬다가는 자리가 없어질 수 있다. 공기업이니 쉽게 잘리지는 않지만 공기업에서 가장 무서운 인사시즌에 집과 멀~리 떨어진 곳에서 새로운 시작을 해야 할 수도 있다. '꼭 용역을 해야 하는 이유'를 만들어서 윗분들을 설득하고 충분한 시장조사를 통해 어떤 부분을 어떤 방식을 추진할지 구체적인 방향을 잡는 게 용역의 첫 번째다. 맡겨진 일이라고 바로 시작하지 말고, 해당 업무에 대한 고민이 필요한 시점이 바로 이때다. 정확한 방향을 설정한다면 용역사를 움직이는 데도 힘을 받을 수 있다.

베끼기는 나쁜 게 아니다

윗분들을 설득할 때 가장 좋은 것은 "○○님, ○○기관에서 이것을 했는데 반응이 아주 좋았다고 합니다. 저희 쪽에서 이런 방식으로 도입하면 저희 색깔도 살리면서 큰 효과가 있을 것 같습니다"라는 말이다.

좋은 말로 벤치마킹, 나쁜 말로 표절이다. 공공부문 홍보는 다 거기서 거기다. 그나마 좋은 아이템은 서로 돌려 쓰기 바쁘다. 2019년에 EBS(EBS도 공공기관이다)의 펭수가 히트를 치자 아류작들이 많이 쏟아서 나온 것을 봐도 베끼기가 얼마나 공공 쪽에서 업무하기 편한 방식인지 알 것이다. 하지만 무작정 성공한 홍보라고 해서 그대로 들고 오면 말 그대로 '베끼기'에 불과하다. 베끼기만 하는 홍보담당자는 결재권자에게 '일 안 하는 사람'으로 낙인찍힐 수 있다. 벤치마킹을 위해서는 우선 자신의 기관의 성격에 맞는 아이템을 발굴하는 것이 첫 번째다. 그리고 좋은 아이템이라고 하더라고 소요되는 예산 규모를 꼭 고려해야 한다. 프로모션 같은 이벤트성 행사라면 그 규모에 따라서 홍보효과 편차가 크기 때문이다. 프로모션 비용은 비슷하더라도 그 행사를 알리는 광고금액에 따라서 참여인원과 이슈성에서 큰 차이가 난다. '좋은 거니 우선 해보자'라는 생각으로 시장조사도 안 하고 도입을 하게 된다면, 타 기관 대비 낮은 효과로 인해 문책을 받을 수도 있다. 그렇다면 우리는 어떻게 시장조사를 해야 할까.

우선 내가 하고자 하는 업무와 유사사례가 있는지 네이버, 구글 등에서 기사 검색을 해본다. 공공에서 가장 많이 활용하는 홍보수단은 언론홍보이기 때문에 공공에서는 어떤 일을 하든지 '자랑거리'가 생기면 보도자료를 배포한다. 때문에 기사 검색은 홍보담당자들에게는 자료의 보물창고와 같은 역할을 한다. 포털 기사 검색을 통해서 홍보아이템을 발굴했다면 그 다음 스텝을 밟아야 한다. 기사에서는 단편적이고 함축적인 내용만 담기 때문에 구체적인 사업 내용을 확인하기 위해서는 용역을 위해 제시된 '제안요청서'와 '과업지시서'를 찾아야 한다. 제안요청서와 과업지시서는 용역의 성격과 해야 하는 업무를 구체적으로 제시한 문서인데, 그 안에는 사업의 목적, 내용, 비용 등이 자세하기 나와 있다. 그 문서들은 공공부문의 모든 용역이 모여 있는 국가종합전자조달 나라장터(www.g2b.go.kr)에서 쉽게 확인이 가능하다. 다만, 나라장터는 그다지 사용자 친화적인 사이트는 아니다. 때문에 여러 검색어를 통해서 본인이 하고자 하는 용역들을 타 기관에서 시행한 사례가 있는지 잘 찾아봐야 한다.

나라장터는 용역에 평균적인 단가와 추가로 초짜가 혼자 쓰기에는 버거운 제안요청서, 과업지시서 등의 자료까지 얻을 수 있으니 용역을 처음 하는 사람들에게는 한 줄기의 빛과 같은 곳이다. 처음 용역을 추진하는 사람이 과업지시서를 처음부터 끝까지 쓰는 것은 불가능에 가깝다. 관련 법규는 물론이고 사내의 사규, 계약 예규까지 검토해야 할 사항이 한두 가지가 아니고 정해진 서식과 흐름이 있어야 하기 때문이다. 새로 시작하는 사업이라면 꼭 나라장터에

올라온 용역들은 참고해 우리 기관에 맞는 과업지시서와 제안요청
서를 작성할 필요가 있다.

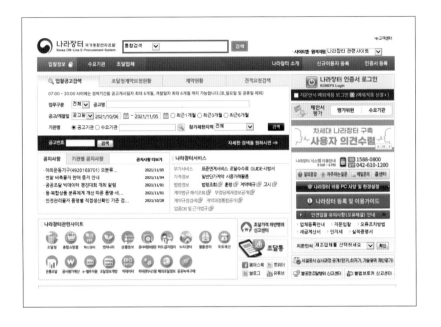

★
얼마가 드는지 알아야 용역을 시작하지

앞서 말한 바와 같이 공공기관은 사업을 시작할 때 이미 정해진
예산이 있는 상황이다. 하지만 예산 수립 당시의 사업계획은 전체
적인 방향만 잡혀 있는 상태일 것이다. 이제는 그 사업을 구체화해
야 한다. 그리고 그러한 과정에서 소요예산의 변동이 있을 수밖에
없다. 다시 말해 사업예산을 다시 산출해야 한다는 것이다. 전체

예산은 정해져 있으나, 그 예산을 다 쓸 것인지, 덜 쓸 것인지 등을 결정하는 단계이다(정해진 예산보다 더 쓰기 위해서는 예산부서와의 길고 힘든 시간이 필요하다). 이때 사업의 구체화에 따른 과업 추가, 변경, 삭제 등의 이유들과 물가 변동, 원자재값 상승 등으로 인한 사업금액의 변경은 필연적이다. 꼭 사업 시작 전에 가격에 대한 시장조사를 실시해 정확한 예상 소요액을 확인하자.

사업에 소요되는 최종 예산을 확인하기 위해서는 우선 시장에서 형성된 가격을 알아봐야 한다. 단가표가 명확하게 있는 과업이 아닌 경우에는 시장 형성 가격, 즉 견적서가 사업금액이 될 수 있다. 그리고 시장 형성 가격 조사는 발로 뛰는 것이 정답이다. 말처럼 진짜 발로 뛰기에는 우리는 시간이 너무 없으니, 문명의 이기인 인터넷을 적극 활용하자. 가만히 앉아서 가장 쉽게 시장조사를 할 수 있는 방법이다. 우선 내가 하고자 하는 사업 분야를 검색해서 관련 업체들의 리스트를 뽑아야 한다. 우리 공사가 하는 '공간정보'사업과 같이 특수한 분야인 경우 국내에 해당 과업을 수행할 수 있는 업체가 많지 않기 때문에 리스트까지는 필요 없지만, 홍보업무의 경우는 사정이 다르다. 국내에도 수많은 광고대행, 인쇄, 콘텐츠 제작업체들이 있다. 때문에 해당 기업의 홈페이지에서 포트폴리오를 참고해서 일하고 싶은 업체들의 리스트를 만드는 것이 필요하다. 견적서 요청은 해당 업체에 나와 있는 메일로 문의를 해도 되지만 전화를 통해 전체적인 과업내용과 방향을 설명한 뒤 메일을 보내는 것이 견적서가 회신될 확률이 훨씬 높다.

견적서를 위한 시장조사를 할 때 주의해야 할 점이 있다. 업체마다 같은 조건들을 제시해야 한다는 것이다. 만약 어느 한 곳에 더 많은 정보를 주거나 편파적인 조건을 제시한다면 향후에 다른 업체에서 문제 제기를 할 수도 있다. 용역은 예산이 수반되는 사업이기 때문에 내·외부 감사에서 주요 타깃이 된다. 때문에 항상 조심, 또 조심해야 한다는 것을 명심하자.

견적서는 최소 3곳 이상의 업체에서 받는 것을 추천한다. 대부분의 계약 관련 규정에는 수의계약(평가 없이 계약을 하는 경우)을 체결하는 경우에는 2인 이상으로부터 견적서를 받아야 한다고 명시되어 있기는 하지만, 견적이라는 것이 업체의 상황에 따라서 많은 편차가 있기 때문에 시장단가를 정확히 확인하고자 하는 경우에는 최소 3곳, 가능하면 5곳 이상의 견적을 받아 보는 것이 좋다. 내가 캐릭터 굿즈 제작을 위해 총 5곳의 국내 업체들에 문의했을 때 최대와 최소 견적 차이는 무려 3배가 났었다. 견적은 최대한 많은 곳으로부터 받아보는 것이 안전한 용역 추진에 도움이 된다.

시장조사를 완료했다면 이제 사업 추진을 위한 붙임문서(제안요청서, 과업지시서, 산출내역서)가 완료된 상황일 것이다. 이제 용역을 추진하기 위한 문서를 작성해야 한다. 앞서 말한 바와 같이 공공은 문서로 시작해서 문서로 끝나는 업무다. 모든 일을 문서화해서 증거와 증빙자료를 만들어야 하는 것이 공공의 일이다. 특히 돈이 오가는 용역 업무 추진은 문서에 오점이나 흠결이 없어야 한다. 자칫 잘못했다간 '감사' 대상이 되어 곤욕을 치를 수도 있다. 업체로부터 개인적인 선물이나, 금품을 받지 않는 것은 기본 중의 기본이다(이제는 공공에서 이런 것들을 받는 문화는 완전히 없어졌다고 생각한다).

홍보업무를 시작하는 홍보주니어의 문서 작성은 당연히 전임자의 문서를 참고해야 한다. 단 컨트롤+C, 컨트롤+V는 결재권자로부터 심한 타박과 동시에 반려(문서를 결재하지 않고 돌려보내는 것)를 받을 수 있다. 전임자의 문서는 참고하되 자신만의 스타일로 바꿔야 한다. 전임자가 조사한 자료들을 최신화한다거나, 추가 자료나 올해에는 바꾸고자 하는 방향들을 넣으면 된다(정 모르겠으면 그대로 타이핑이라도 다시 하자).

기본 문서 작성 후에는 '붙임문서'를 만들어야 한다. '붙임문서'는 용역을 추진하기 위한 참고자료나 필요한 자료이지만 본문에 넣기에는 너무 많은 내용일 때 쓰는 문서이다. 필수적으로 용역 추진에서는 제안요청서를 작성해야 한다. 제안요청서(RFP)는 내가 용역을 추진하고자 하는 내용을 정리한 문서로 '업체에서 이렇게 제안해 줬으면 합니다'라는 내용으로 구성된다. 제안요청서에는 굉장히 많은 내용이 들어가기 때문에 혼자서 쓰기보다는 앞서 말한 바와 같이 나라장터 등에서 수집한 자료들을 바탕으로 본인의 스타일과 기관 성격에 맞는 제안요청서를 작성하면 된다. 제안요청서와 비슷한 성격으로 과업지시서가 있는데 이것은 제안요청서와 비슷하긴 하지만 필수적으로 해야 하는 내용들을 담는 문서이다. 기관마다 다르지만 보통은 둘 중에 하나만 있어도 용역 추진이 가능하다. 제안요청서가 완료되면 산출내역서라는 것을 작성해야 한다. 견적서를 통해 조사한 시장 가격을 토대로 내가 용역 추진에 필요한 예산을 계산해 본 것이다. 산출내역서랑 견적서는 성격이 다르니 견적서를 붙임문서에 넣는 일은 없도록 하자. 제안요청서와 산출내역서는 용역을 추진하기 위한 필수 문서이다. 다만 국가계약법상 소액(2,000만 원 이하)의 용역은 '입찰'이라는 과정 없이 '수의계약*'으로 진행되기 때문에 제안요청서가 아닌 과업지시서와 산출내역서만 필요하다.

> * 수의계약: 용역 추진의 편의를 위해서 소액의 경우 업체 평가를 생략하고 금액 등을 통해서 업체를 임의로 선택해서 바로 계약을 추진하는 절차

제안평가 및 업체 선정

모든 결재문서가 완료되면 나라장터, 자체 전자조달 등에 내가 하고자 하는 사업의 공고가 올라간다. 업체들은 이 사이트에서 자신과 관련 있는 용역을 확인하고 사업을 따기 위한 입찰에 참가할 수 있다. 사업을 따기 위해서 업체들은 제안요청서를 참고해 제안서를 만들고 공고일로부터 10~40일 이내에서 제안이 들어온 업체들을 대상으로 기술평가(심사위원들이 PT 발표 등을 통해서 기술력을 확인하는 평가, 80~90%)와 가격평가(입찰가격을 평가, 10~20%) 등의 제안평가를 거친다. 제안평가에서 우수하게 점수를 받은 업체와 최종 계약을 하고 사업을 추진하게 된다.

평가는 업체 입장에서는 사활이 걸린 일이다. 사업을 제안하기 위해 기업의 역량을 쏟아부어 제안서를 만들고, 때때로 시제품까지 만들어서 제안에 참여하기 때문이다. 금액이 큰 사업의 경우에는 해당 기업의 1년 목표량과 맞먹는 사업일 수 있기 때문에 평가에 참여하는 업체들은 굉장히 민감한 상태라고 생각해야 한다.

그렇다면 우리는 홍보담당자들은 무엇을 주의해야 할까? 가장 중요한 것은 '공정'이다. 평가의 기본을 잘 지키면 되는 것이다. 정에 이끌려 눈을 감아 주는 행위는 나중에 큰 봉변으로 돌아올 수 있다. 한 번은 LX한국국토정보공사가 진행하는 3.5억 원 규모의 유튜브 콘텐츠 제작 용역 평가에 진행요원으로 참여한 적이 있다. 총 8개의 업체가 제안에 참여했고 정말 근소한 차이로 1위 업체가 선정되었는데 2위 업체가 이의제기를 했었다. 1위를 한 업체가 제안서 제출시간을 맞추지 못했다는 것이다. 2위 업체가 제안서 제출시간 종료 직전에 제안서를 제출했는데 자신의 뒤에 온 사람이 바로 그 업체였기 때문에 그 업체는 제출 시간이 지난 다음에 제출했고, 그래서 평가에서 제외해야 한다는 논리였다. 이미 외부 평가위원들을 모시고 평가를 완료하고 결과보고 및 계약부서에 협조 요청까지 완료한 상황이었기 때문에 담당자 입장에서는 진땀이 나는 상황이었다. 하지만 계약이라는 것이 '돈'과 관련된 것이기 때문에 이의제기에 대한 확인은 해야만 했다. 제안서 제출인의 모습이 담긴 CCTV까지 다 뒤져서 확인 결과 1위 업체가 제출시간을 약 3분 넘겨서 제안서를 들고 엘리베이터를 탄 모습이 확인되었다. 결국에는 그 평가에서 1위를 한 업체의 평가결과는 무효 처리가 되었다. 그리고 2순위로 평가를 받은 업체와 계약을 체결해 사업을 진행했다. 그렇다면 과연 그 용역은 잘되었을까? 여러분의 판단에 맡기겠다. 모든 일은 시작이 중요한 법이다.

공기업은 보통 용역 추진이 완료된 후에 대금 지급이 이루어진다. 이때 용역이 완료되었다는 결과물들이 있어야 한다. 검수는 용역의 최종 마무리이고, 정해진 예산이 지급되는 최종 절차이다. 때문에 담당자는 과업에 대한 명확한 증빙들을 확인해야 한다. 담당자가 사업을 잘 진행했다고 알고만 있으면 안 된다. 물품을 제작했다면 물품의 사진을 첨부해야 하고, 시스템 개발이라면 제안요청서에 명시된 기능들이 잘 작동하는지 꼼꼼히 살펴봐야 한다. 결과물은 제안요청서 작성 시 명시되어야 하며, 결과물에 대한 증빙이 명확히 않았는데도 담당자가 용역을 검수(완료되었다고 확인해 주는 과정)해 주었을 때는 큰 문제가 될 수 있다. 또한 검수는 1인이 하는 것이 아니다. 최소 3인 이상이 함께 검수를 진행해서 사업에 대한 정확하고 공정한 평가가 될 수 있도록 해야 한다.

한 번은 연구용역을 진행한 적이 있다. 결론부터 말하자면 그 용역 덕분에 입사 최초로 '징계'라는 것을 받게 됐다. 문제는 검수였다. 과업 진행은 순조롭게 잘 되었지만 최종 검수 사진을 완성된 보고서가 아닌 초안 보고서로 찍은 게 잘못이었다. 제안요청서에는 초안으로 검수할 수 있다는 내용이 없었기 때문에 검수 절차 미흡으로 종합감사 과정에서 '징계'를 받았었던 적이 있었다. 그때 역시도 막 행정업무를 시작했던 시작 단계였기에 잘 모르는 상태에서 바로 전에 연구용역을 했던 과장님의 검수 문서를 참고했었는데, 그

때 그 과장님도 '초안 검수' 관계로 나와 함께 사이좋게 징계를 받은 적이 있었다. 그 후부터 최종 결과보고를 위한 '검수'에서 만큼은 제안요청서에 있는 내용을 하나하나 체크하면서 철저하게 하고 있다.

용역은 공공기관 업무를 위해 꼭 필요한 일이고 일의 퀄리티를 높일 수도 있지만, '돈'이 연관되어 있기에 신경 써야 할 부분도 굉장히 많다. 업무처리의 공정성은 물론이고, 서류도 꼼꼼히 보고 체크해야만 내가 안 다칠 수 있고, 일도 제대로 할 수 있다. 서두에 말한 바와 같이 내가 처음 본사 발령을 받고 아무것도 모르는 상태에서 시작한 '침수흔적관리시스템 고도화 용역'은 시작부터 난항이었다. 공식·비공식적으로 수십 번에 이르는 반려의 기억은 아직도 뼈아픈 경험으로 남아 있다. 하지만 그 과정에서 배운 것도 많았다. 물론, 다시는 그런 방법으로 일을 배우고 싶지는 않다. 우리 홍보주니어들은 부디 나와 같은 뼈아픈 배움의 과정을 겪지 않기를 바란다. 그리고 그 과정에서 나의 경험이 조금이나마 도움이 되길 바란다.

★
4

돈이 있어야
홍보를 하지

투자의 귀재 소프트뱅크 손정의 회장이 읽은 4천여 권의 책 중에
인생 최고의 책으로 꼽는다는 '손자병법'에는 이런 구절이 나온다.

> 무릇 군대를 운용할 때는 전차 1천 대, 군수품 수송용 마차 1천
> 대, 무장한 병사 10만 명으로 구성된다. 1천 리나 되는 곳에 군
> 량을 보내려면 안팎의 경비와 외교사절 접대비, 군수물자의 조
> 달과 차량과 병기의 보수, 병사 급료까지 하루에 1천 금을 써야
> 10만 군대를 일으킬 수 있다.

항우와 전쟁에서 승리한 한 고조 유방은 천하를 통일한 뒤 개국공신 서열 1위에 소하(蕭何)를 지명한다. 막강한 무공이나 지략으로 승리한 장군이 아니라 군량미 등 전쟁 물자를 차질 없이 공급했던 소하를 1등 공신으로 세운 것은 그것이 없었으면 전쟁을 벌일 수 없었다는 것을 잘 알기 때문일 것이다. 당신은 홍보에서 가장 중요한 게 뭐라고 생각하는가. 톡톡 튀는 아이디어? 화려한 글 솜씨? 눈 돌아가는 디자인 능력? 아니다. 내가 생각할 때 홍보에서 가장 중요한 것은 돈이다.

'홍보전략가'를 저술한 이상헌 작가는 성공적인 홍보의 3대 구성요소를 아이템, 메시지, 미디어라고 했다. 홍보는 콘텐츠가 되는 아이템이 있어야 하고, 목표 공중에게 알릴 메시지가 있어야 하며, 마지막으로 이 메시지를 담아낼 미디어가 있어야 한다는 것이다. 아이템과 메시지는 홍보담당자의 영역이지만 미디어는 홍보담당자들이 통제할 수 있는 영역이 아니다. 이것은 바로 '돈', 예산과 직결되는 사항이다. 막대한 자금을 바탕으로 미디어를 많이 활용한 광고와 홍보는 확실한 효과를 보장한다.

'에펠탑 효과'라고 들어보았는가? 에펠탑 효과는 처음에는 싫어하거나 무관심했지만 대상에 대한 반복 노출이 거듭될수록 호감도가 증가하는 현상을 말한다. 에펠탑은 1889년 프랑스 대혁명 100주년과 함께 파리 만국박람회를 기념하면서 건립되었다. 하지만 발표되었을 당시 파리의 많은 예술가들과 시민들의 반대에 부딪혔다. 많은 이들은 무게 7천 톤, 높이 320미터나 되는 철골구조물을 천박하다고 생각했다. 그 당시 대부호들은 종종 에펠탑에 있는 레스토랑에서 식사를 했는데 그 이유가 바로 그곳이 에펠탑이 보이지 않는 유일한 곳이었기 때문이라는 이야기까지 있을 정도였다. 하지만 지금 에펠탑은 파리의 명물이 되어 전 세계 수많은 관광객들이 찾고 있다. 에펠탑 효과는 광고·홍보 분야에서 큰 힘을 발휘한다. 처음에는 이상하게 생각되었던 광고도 TV, 유튜브, 라디오 등 매체를 통해 지속적으로 접하게 되면 어느새 광고의 대상이 친숙하게 되고 함께 흘러나오는 음악까지 흥얼거리게 된다.

반복 노출 효과의 영향력은 누구나 알고 있지만 공공홍보에서 적용할 수는 없다. 공공기관은 대부분의 예산을 사업을 개발하거나, 국민을 위한 서비스를 추진하는 데 사용한다. 그리고 그것이 공공기관의 역할이기도 하다. 때문에 기관을 알리거나 기관의 브랜드를 구축하는 데 사용할 수 있는 홍보예산은 한정적일 수밖에 없다. 아마도 대부분의 공공기관의 홍보예산은 전체 수입의 0.1~1% 수준일 것이다. 그리고 그런 홍보예산은 재정이 부족할 때마다 감축 대상 1순위가 될 것이다.

그럼 우리 홍보담당자들은 무엇을 해야 할까? 우선 예산확보를 위해 최대한 노력해야 한다. 어떤 홍보 아이디어든 예산 없이 진행하는 것은 한계가 있다. 예산이 들지 않는 보도자료 배포라고 해도 평소에 기자와의 유대관계를 위해서는 국밥이라도 한 그릇 같이 해야 할 것이고, 국민들이 참여하는 이벤트를 기획하더라고 적절한 보상이 없다면 참여자는 현저히 줄어들 것이다. 그래서 홍보담당자는 본인 사업 추진을 위해서 예산확보에 전력을 기울여야 한다.

여름부터 내년을 준비한다

그렇다면 사업예산을 위해서 홍보담당자는 언제부터, 무엇을 준비해야 할까? 홍보를 처음 시작하는 홍보주니어라면 좀 이상하다 생각할 수 있지만 여름이 시작되는 7월부터 다음 해 사업 준비가 시작된다. 너무 빠르다고 생각하는가? 나도 그렇게 생각한다. 하지만 어쩌겠는가, 그게 공공인데. 기관 전체 예산을 총괄하는 부서는 11월까지 모든 예산을 편성을 마무리하고 이사진의 승인을 받아야 한다. 1월 1일부터 집행되는 예산들이 있기 때문에 다음 해가 시작되기 전에 예산을 마무리해야 한다. 그리고 그 작업은 작은 일이 아니다. 때문에 예산총괄부서에서는 9월까지 각 부서의 예산요구서를 받는다. 예산요구서에는 내년도 사업계획과 세부 예산 예상액들이 들어간다. 그렇기에 실제 사업을 진행하는 부서에서는 7~8월에 내년도 사업을 구상하고, 견적을 받고, 산출내역서를 작성하고, 예산의 적정성을 판단해야 한다. '올해 사업 시작도 안 했는데 벌써 내년 걸?', '올해 사업성과를 보고 판단해야 하는 거 아닌가?' 이렇게 생각할 수 있다. 하지만 공공예산이라는 것은 변동성이 그다지 많지 않다. 국민들이 낸 세금으로 운용하는 사업들이 시시각각 획획 변한다면 신뢰도를 잃지 않을까? 그래서 홍보담당자는 내년도 트렌드와 사업구상을 여름부터 시작해야 한다.

하던 사업은 방어한다

한편, 예산확보를 위해서는 사업타당성을 자체적으로 판단해야 한다. 이 책의 전반에 걸쳐서 거론되는 'WHY'를 찾는 일이다. 기존의 진행하던 계속 사업의 경우에도 예산 삭감을 고려해 '이 사업은 우리 기관 홍보를 위해서 꼭 필요합니다'라는 논리를 만들어야 한다. "작년에 했던 거라고 올해도 하려고요."라고 말했다가는 순식간에 삭감 1순위가 된다. 홍보 예산이라는 건 '없어도 그만, 있어도 그만'이라는 게 총괄 예산담당자들의 시각이다.

지난해에 이어서 추진하는 사업이라면 지난 사업의 정량적 정성적 성과를 마른 수건에서 물을 짜내듯, 있는 것 없는 것에 티끌까지 끌어모아 어필해야만 한다. '이거 엄청 대박이에요. 올해도 또 할 거예요.'라는 메시지를 데이터를 통해서 전달해야 하는 것이다. 하지만 안타깝게도 공공홍보라는 것이 민간홍보처럼 상품이 갑자기 많이 팔리거나 하는 게 없기 때문에 그 효과를 판단하기가 굉장히 예매하다. 호감도, 인지도와 같은 지표들이 있기는 하지만 정부 전체적으로 조사했던 '국민체감도'라는 것이 없어지면서 자체적으로 조사하고 발표하고 있기에 신뢰도가 떨어진다는 게 이쪽의 대부분 의견이다. 그렇기 때문에 홍보담당자는 내 사업이 꼭 필요한 이유를 사업계획서에 담아야 한다. 가장 좋은 방법은 정부나 기관의 정책 방향을 담는 것이 중요하다. 내가 홍보업무를 하면서 가장 화두가 되었던 것이 '국민소통'이었다. 청와대도 국민신문고를 운영하며 많은 효과를 보았고 공공기관에서 가장 중요하게 생각하는 '공공기관 경영평가'에서도 국민소통이 중요한 지표로 들어갔기 때문에 좋은 근거가 될 수 있었다. 주의해야 할 것이 공공기관은 기관 자체의 이미지를 홍보하는 것보다는 국민들에게 돌아가는 사업과 서비스 중심으로 홍보해야 한다는 점이다. 그런 방향을 잘 고려해서 자신의 사업을 해야 하는 WHY를 만들어야 한다.

★
새로운 아이템은 설득한다

기존 사업에 대한 방어 논리를 만들었다면 톡톡 튀는 아이디어를 발현하는 과정이 남아 있다. 바로 '신규사업' 개발이다. 홍보부서의 경우 항상 새로운 시도를 할 수 있는 기회가 열려 있는 곳이다. 어떤 일을 하더라도 '홍보부서니까'라는 인식을 깔고 가기 때문에 홍보주니어에게는 아직 때 묻지 않은 자신의 아이디어를 실행할 수 있는 절호의 찬스라고 할 수도 있다.

LX한국국토정보공사 마스코트 랜디

나 역시도 4살, 7살, 9살 아이가 있는 아빠로서 우리 기관의 마스코트 거북이 '랜디'를 활용한 홍보를 하고 싶었다. 2012년에 만들어져서 특별한 활용 없이 방치되었던 캐릭터가 마음 들어서였지만, 우리 아이들이 아빠 회사의 캐릭터를 활용한 홍보를 경험하게 해주고 싶은 마음이 더 컸다.

'랜디'를 활용했던 것들을 몇 가지 말해 보자면 우선 공공기관 최초로 '랜디 창작동화책'을 만들어서 교육부 협조를 통해 전국 국공립 유치원에 무료 배포했다. 이건 굉장히 반응이 좋아서 나중에는 국민 공모전을 통해 스토리를 받고 그것을 전문 작가가 각색과 작화를 해 출판했다. 배부처도 사립유치원을 포함한 전국 유치원, 공공도서관, 돌봄센터, 어린이 치과까지 확대했다. '랜디 창작동화책'은 외부뿐 아니라 기관 내부에서도 어린아이들을 키우는 직원들에게 엄청난 반응이 있었다. "아이에게 아빠 회사 캐릭터가 나오는 동화책을 읽어주니 너무 뿌듯했어요.", "우리 아이가 랜디의 팬이 됐어요." 등 대외적인 홍보효과 외에도 회사에 대한 직원들의 애사심을 높여주는 효과까지도 톡톡히 봤다.

이 사업을 실행할 수 있었던 것은 바로 데이터와 논리를 바탕으로 한 '설득'이었다. 사업 계획서를 작성할 당시 우리 기관의 인지도는 연령별로 봤을 때 30대에서 가장 낮게 나타났다(물론 %로 보면 2% 차이도 안 난다). 이 부분을 파고들어서 30대의 인지도를 높이기 위해서는 직접적으로 공사를 알리는 것보다는 간접적인 메시지 전달이 필요하다는 논리를 펼쳤다.

30대는 보통 5~7세 아이들을 자녀들로 두고 있었고 젊은 부모들은 자녀들의 교육에 관심이 굉장히 많다. 또한 젊은 부부들은 아이들이 무슨 책을 보는지, 무엇을 하고 노는지를 궁금해 하고, 자주 직접 동화책을 읽어주기도 한다. 그래서 우리는 직접적인 기관 홍보보다는 공사의 캐릭터를 활용한 동화책이라는 간접적인 홍보를 통해 기관의 이미지를 개선하고 인지도를 올리자고 설득했다. 그리고 그 설득은 그대로 받아들여져 예산을 확보할 수 있었다.

랜디를 활용해서는 우리 기관 최초로 굿즈도 만들었다. 인형, 열쇠고리, 저금통, 네임 태그, 그립톡 등 여러 종류의 굿즈를 만들어서 마케팅용으로 활용했는데 외부 반응이야 물론 공짜로 주니깐 좋을 수밖에 없었지만 내부 반응이 폭발적이었다. 자녀들 또는 손자·손녀들에게 주고 싶다고 추가 요청을 하는 내부 직원들이 많았고 공식적인 루트를 통해서 판매를 해달라는 요청도 수차례 들어왔다. 또한 굿즈 중에 '랜디' 인형은 제6회 대한민국 토이어워드에서 공공부문 특별상을 받기까지 했다. 이외에도 공공기관 최초의 인형 뽑기기계 도입(물론 수익금은 전액 기부하고 있다), 랜디 카카오톡 이모티콘 배포, 랜디 유튜브 콘텐츠 정례화 등 내가 하고 싶었던 일들을 '홍보'라는 이름으로 마음껏 펼칠 수 있었다.

홍보는 어떤 일이든 할 수 있지만 아무것이나 할 수는 없다. 돈을 버는 부서가 아니라 돈을 쓰는 부서이다 보니 신규 사업을 추진할 때는 특히나 이것을 '왜' 해야 하는지 명확한 근거가 있어야 한다. 속마음은 '내가 하고 싶어서요'라고 할지라도 예산담당부서, 임원들을 설득하기 위해서는 구체적이고 눈에 보이는 근거들을 제시해야 한다. 그를 위해서는 홍보 트렌드와 기관의 방향 등을 명확히 이해하고 내 사업과의 연관성을 찾아내는 것이 중요하다. 홍보 트렌드의 경우에는 「정부기관 및 공공법인 등의 광고시행에 관한 법률」에서 기관의 역할 중 홍보담당자의 교육과 지원이 명시되어 있는 한국언론진흥재단을 통해 문의하면 내가 원하는 정보를 쉽게 얻을 수 있고, 기관의 방향 등은 기획조정실에서 작성한 문건이라든지 CEO 메시지 등에서 확인할 수 있다. 신규사업은 기존사업보다 훨씬 많은 자료와 준비가 필요하다. 탄탄한 대비로 대박 홍보기획을 추진해 보자! 아자!

★ 시장조사를 통한 정확한 금액 산출은 기본 중 기본

기존 사업은 물론이거니와 신규사업을 위해서는 예산 책정을 위한 시장조사가 필수이다. 앞서 '용역, 해보셨어요?'에서 말한 바와 같이 기존 사업의 경우라도 시장단가의 변경이 있을 수 있기에 때문에 지난해 예산을 그대로 적용했다가는 예산 부족 상황이 발생할 수 있다. 때문에 해당분야 업체들을 찾아보고 대략적인 과업 내용을 알려주면서 새롭게 견적서를 받는 작업이 필요하다. 이 부분은 대부분 같이 일을 해 보았던 업체들이 있기 때문에 어렵지 않게 받을 수 있다.

하지만 신규 사업의 경우에는 더 많은 조사가 필요하다. 기존에 기준이 될 수 있는 금액이 없기 때문에 정확한 예산 책정을 위해서는 최소 5곳 이상의 견적 받기를 추천한다. 아직 과업 내용도 구체화되어 있지 않기 때문에 2~3곳의 견적을 받아보더라도 금액이 천차만별인 것을 확인할 수 있을 것이다. 나 역시도 랜디 굿즈를 처음 도입하려고 할 때 업체마다 견적이 3배 이상 차이가 나서 고민을 했던 적이 있었다. 그럴 때는 여러 곳의 견적을 받아서 쉽게 1/N을 하는 것도 한 방법이다. 최소 견적가로 했다가는 다른 업체들이 아예 입찰에 참가하지 않는 낭패를 볼 수도 있기 때문에 중간 수를 고르는 것을 추천한다.

업체 견적도 중요하지만 유사사업을 진행했던 타 기관의 담당자를 알아보고 사전에 도움을 받는 것도 추천한다. 기관마다 유사한 성격이나 규모의 기관들이 있을 것이다. 내가 근무하고 있는 LX한국국토정보공사는 '공공기관 지방이전 정책'으로 인해 2013년 서울 여의도에 있던 본사가 전주에 있는 전북혁신도시로 내려왔다. 우리와 함께 이곳에 자리를 잡은 기관들이 꽤 있는데 그중 국민연금, 한국전기안전공사, 농촌진흥청이 대표적인 기관들이다. LX를 포함한 이 4개 기관은 자주 서로의 정보를 교환하고 평가도 도와주면서 협업하고 있다. 그리고 그것들은 많은 시너지 효과를 불러일으킬 뿐 아니라 업무추진 자체에도 도움이 되고 있다. 혹시나 우리 기관처럼 근처에 같이 있는 기관들이 없다면 관련 기사들을 참고해 내가 하고자 하는 사업을 진행했던 기관을 찾아서 홍보담당자에게 과업지시서나 산출내역서 등의 자료를 받는 것도 좋다. 홍보담당자들끼리는 서로의 고충을 너무나 잘 알고 있기 때문에 같은 공공부분 홍보담당자들은 대체로 잘 도와준다. 물론 나에게 도움을 요청하는 홍보담당자가 있다면 기꺼이 지원해 주길 바란다. 우리끼리라도 도와야지.

★
역시 마지막은 문서다

내가 하고자 하는 사업이 정해지고 시장조사까지 마무리되었다면 이제 그것들을 문서화해서 부서 예산담당자에게 전달해야 한다. 공공은 문서로 시작해서 문서로 끝나는 곳이다. 문서의 첫 번째 관문은 바로 부서 내 예산담당자이다. 부서 예산담당자에게 내가 하고자 하는 사업을 충분히 이해시켜야지만 예산담당자가 부서 전체 예산계획서를 작성할 수 있다. 부서 예산담당자는 예산 총괄부서에 가서 예산 확보를 위한 전쟁(예산을 따는 과정은 가히 전쟁에 가깝다)을 치를 중요한 자원이기에 확실하게 내 편을 만들어서 내 사업을 관철시킬 수 있게 해야 한다. 부서 예산담당자는 부서 전체 문서를 만든다. 하지만 나의 홍보 사업을 위한 내년 예산확보 1차 문서 작업은 해당 사업 담당자들이 작성해야 한다. 그리고 그 안에는 예산담당자가 충분히 공감할 수 있도록 근거와 논리를 담아야 한다. 해당 사업이 왜 필요한지를 이해시키기 위해 다른 레퍼런스나 정부정책, 최신 트렌드를 찾아보는 게 좋다. 또한 우리 기관과 연관될 수 있는 이미지를 강화하거나 새로운 이미지를 만드는 일도 홍보부서에서 할 일이다. 사업의 필요성과 구체적인 사업내용을 작성하고 기대효과까지 작성하면 1차 문서 작업은 완료된다. 물론 소요비용은 앞서 시장조사를 통해 받은 견적서나 산출내역서, 단가표 등을 참고해서 작성하면 금상첨화다.

이번 장에서는 다음 해 홍보사업 추진을 위한 예산 확보의 준비 절차나 시기, 방법 등을 알아봤다. 앞서 말했듯이 홍보는 돈이 없으면 할 수 없다. 그리고 많은 홍보를 성공적으로 해야만 부서나 개인이 좋은 평가를 받기 때문에 예산확보는 나를 잘 어필하고 내 사업을 잘할 수 있게 하는 첫 단추라고 생각해야 한다. 첫 단추가 잘 끼워져야 옷을 잘 입을 수 있다. 홍보업무의 좋은 시작은 충분한 예산 확보이다. 첫 단추를 멋지게 끼워서 홍보주니어로서의 꿈을 마음껏 펼치길 바란다.

3장

일당백

홍보맨

★
1

공공홍보의 꽃
'언론홍보'

공공기관 홍보업무에서 가장 핵심이 되는 일은 아마도 '언론홍보'일 것이다. "요즘 누가 신문을 봐요?"라고 생각할 수 있지만, 공공기관에서 '언론'의 힘은 여전히 강력하다. 1명이 기자 겸 편집장 겸 발행인까지 다 하는 '1인 인터넷언론'이라 하더라도 포털에서 검색이 된다면 조선·중앙·동아처럼 메이저 신문사의 영향력과 큰 차이가 없다. 물론 같은 기사라면 메이저 신문사의 기사를 볼 테지만, 소형 언론사일수록 자극적인 제목과 소재를 다루기 때문에 오히려 포털 메인에 올라갈 확률이 높을 수도 있다. 바야흐로 언론 평준화 시대이다. 하지만 이런 언론의 평준화 시대는 우리 홍보주니어들에게 더 큰 난관으로 다가올 수 있다. 언론 평준화라는 것은 관리해야 할 기자들의 수가 비약적으로 증가한다는 이야기로 풀이될 수 있기 때문이다.

구분	2016	2017	2018	2019	2020
계	18,563	19,504	20,630	21,781	22,776
일간신문	399	380	620	642	681
통신	22	23	24	26	28
기타일간	372	380	88	84	84
주간	3,473	3,457	3,383	3,306	3,294
월간	4,983	4,977	4,997	5,071	5,111
격월간	732	740	753	761	802
계간	1,597	1,641	1,699	1,786	1,833
연2회	625	755	895	941	1,047
인터넷신문	6,360	7,151	8,171	9,164	9,896

* 출처: 문화체육관광부 「정기간행물 현황 등록일람표」

대부분의 공공기관은 매일매일 그날의 관련기사를 신문 스크랩한다. 아이서퍼, 스크랩마스터와 같은 언론 스크랩 프로그램에서 관련키워드를 검색해서 기사를 모은다. 그 자료는 내부 임원들뿐 아니라 직원들과도 공유되고 주무부처까지 올라가기 때문에 작은 언론사라고 해서 무시할 수는 없다. 특히 부정보도에 민감한 CEO나 임원이 있는 기관은 언론 관리에 더욱 힘을 쓴다.

하지만 예전처럼 윤전기를 돌리며 신문을 찍어내는 게 아니라 인터넷으로 바로바로 올리는 기사는 가판을 미리 볼 수 없고, 사전에 연락을 주는 경우도 드물기 때문에 기사화되는 것을 막기는 힘들다. 운 좋게 한 곳을 막더라도 2만 개가 넘는 언론사의 기사를 전부 막기는 현실적으로 불가능하다. 다만 평소에 출입기자들과 네트워크가 잘되어 있고 소통이 원활하다면, 기사에서 가장 큰 영향을 미치는 제목을 수정한다든지 아니면 기관의 입장을 말미에 넣는다든지 하는 정도의 조율은 가능하다.

이번 장에서는 공공기관에서 가장 애용하는 홍보방법이자, 홍보의 전통 강자 '언론홍보'에 대해서 알아보려 한다. 언론홍보 관련 수많은 책들이 이미 나와 있다. 때문에 나는 신문스크랩, 보도자료 배포 방법 등 실무에서 요긴하게 써먹을 수 있는 좀 더 디테일한 부분들과 홍보업무를 5년간 하면서 내가 보고 느낀 것들을 전달하고자 한다.

★
보도자료는 기자의 시각에서

하버드 비즈니스 스쿨 연구결과에 따르면 기사는 광고에 비해 약 10배의 신뢰성과 홍보효과를 갖고 있다고 한다. 하지만 기사를 통한 홍보는 그 파급력에 비해 광고처럼 직접적으로 돈이 들어가지 않는다. 때문에 보도자료 작성을 통한 기사 노출은 공공기관 홍보맨의 필수 역량이라고 할 수 있다. 그렇다면 보도자료를 만들어내기 위해서 가장 먼저 해야 할 것은 무엇일까? 화려한 글솜씨 연마? 장문의 문장을 구사하는 능력? 아니다. 보도자료 작성은 '이 주제가 기사화될 수 있는가?'라는 고민에서부터 시작해야 한다. 아무리 보도자료를 멋지게 작성하더라도, 최종적으로 그것을 기사화하는 것은 기자의 몫이다. 그렇기 때문에 우리는 보도자료 작성 주제를 기자의 시각에서 바라봐야 한다. 기자는 그 내용이 국민들이 꼭 알아야 하거나, 국민들 입장에서 도움이 되는 주제인지, 이슈가 될 만한 내용인지를 판단한다. 공공기관 입장에서 좋은 소재가 국민과 기자의 입장에서는 그렇지 않을 수 있다는 것이다. 우리가 일을 열심히 하기 위해서 전략회의를 개최하거나, 내부적인 행사를 멋지게 대규모로 했다고 하더라도 그것들이 국민들의 생활에 보탬이 되거나, 흥미를 끌지 않을 수 있다. 우리 홍보주니어들은 국민의 입장에서, 기사를 써서 많은 조회 수를 기록해야 하는 기자의 입장에서 보도자료를 작성해야 한다. 회의, 내부행사 등 기삿거리가 되지 않는 보도자료를 자주 배포한다면 그 기관의 평판이 낮아질 뿐만 아니라, 그 기사를 받아 써주는 언론사가 십중팔구 광고요청을 하게 된다. 기삿거리가 되지 않는 보도자료를 계속 배포하는 것은 홍보담당자 스스로 언론사에게 빚을 지게 되는 것이다. 기사화될 만한 기삿거리를 신중히 선택하고 보도자료를 작성하는 것이 공공기관 홍보담당자의 첫 역할이다. 물론 각 부서에서는 자신들의 성과를 알리기 위해서 돈 안 드는 최고의 홍보수단인 언론홍보를 많이 이용하려 할 것이다. 하지만 그것들을 다 받아주다가는 기관의 평판이 바닥으로 떨어진다. 기관의 홍보담당자는 기관 언론홍보의 첫 게이트키퍼가 되어야 한다.

★
보도자료 작성

주제 선정이 완료되었다면 기자가 바로 복사해서 붙여 넣기를 할 수 있을 정도의 보도자료를 써야 한다. 아마 기관마다 기존에 해오던 템플릿이나 서식이 있기 때문에 이 부분은 과거 자료를 검토해 보는 것이 첫 번째이다. 거기에 좀 더 나아가자면 내가 선정한 보도자료 주제를 포털에서 검색해서 관련 기사가 어떤 방식으로 작성되고 있는지 분석할 필요가 있다. 공공의 경우에는 기존에 쭉 해오던 언론홍보들이 많고, 우리 기관에서 하고자 했던 것들은 대부분 타 기관에서 했던 것일 확률이 매우 높다. 때문에 이미 기사화된 타 기관의 레퍼런스를 참고하는 것은 보도자료를 손쉽게 작성할 수 있는 가장 쉬운 방법이다.

보도자료의 기본적인 구성은 정보부, 제목, 부제목, 리드문, 본문 순서로 되어 있다. 정보부에서는 기자가 보도자료를 보고 추가 취재나 요청자료가 있을 때 연락할 수 있는 담당자 연락처, 기관 정보 등이 들어 있어야 하며, 보도가능 시각(엠바고라도 한다)을 명시해야 한다. 정보부를 적지 않는다면 해당 보도자료에 대한 자의적인 해석과 보도가 될 수도 있고, 기자의 취향에 맞는 아이템이라고 해도 후속 취재가 어렵기 때문에 기획보도까지 확대되기가 어렵다. 그리고 결정적으로 해당 보도자료에 대해서 물어볼 곳을 적어놓지 않으면 기자들의 짜증을 유발할 수도 있다. 정보부는 기자에 대한 예의라고 생각하면 된다. 예의 없는 홍보주니어가 되지는 말자.

제목은 9자~15자 사이로 작성해야 한다. 개인적으로는 보도자료에서 가장 중요한 부분이 제목이라고 생각한다. 기자들의 흥미를 끌어야 하는 중요한 임무를 맡고 있는 부분임과 동시에 본문의 내용을 함축해 작성해야 하는 부분이기 때문이다. 기자들은 하루에도 100통이 넘게 날아오는 보도자료 중에서 제목을 보고 기사화할지 말지를 결정한다. 때문에 홍보담당자는 제목에 가장 많은 신경을 써야 한다. 기사의 제목을 결정하는 편집기자들은 기사의 제목을 '9자의 번뇌'라고 말하기도 하는데 이 말만 봐도 제목에 대해서 기자들이 얼마나 고민해야 하는지를 알 수 있다. 우리 홍보주니어들도 내가 붙인 제목이 바로 기사화될 수 있도록 제목에 많은 공을 들이기를 바란다. 부제목은 제목에 담지 못한 본문의 세부내용을 2~3줄 정도로 간략하게 요약해 작성해야 한다. 기자들에 따라서는 부제목을 제목으로 올려서 사용하는 경우도 있으니, 좀 더 디테일한 내용으로 함축적으로 작성하면 된다. 부제목에서는 구체적인 수치가 나와 있는 것도 좋다.

부제목까지 완성했다면 리드문을 작성해야 한다. 리드문은 기사 본문의 첫 문장을 말하는데 한 문장으로 본문 내용을 포괄하도록 작성해야 하며, 기사에 대해 기자가 몰입을 하도록 유도하는 역할을 한다. 개인적으로는 앞서 말한 제목과 리드문이 그 보도자료가 기사화되고 안 되고를 결정한다고 생각한다. 메이저급 기자들이 매일 받는 보도자료의 홍수 속에서 선택받을 수 있는 첫 번째가 바로 '제목'이다. 그리고 제목을 클릭했더라도 기자들은 리드문까지만 읽어 보고 나서 그것을 기사화할지 말지를 결정한다. 때문에 제목과 리드문 작성에서는 최대한 기자들의 흥미를 이끌어낼 수 있는 문장을 구사해야 한다. 보도자료에서 제목과 리드문의 비중은 80% 이상이다.

리드문까지 완료되었다면 본문을 작성하면 된다. 본문은 중요한 순서대로 역피라미드식 방식으로 작성하는 것이 좋다. 지면의 한계성으로 인해 기자들은 보도자료의 일부분만 사용하는데 기자들 역시도 보도자료 기본은 '역피라미드'라고 인식하기에 지면의 한정으로 인해서 보도자료의 축약이 필요할 때면 뒷부분부터 잘라낸다. 때문에 우리는 뒷부분이 잘려나가더라도 전체적인 흐름과 메시지가 흔들리지 않게 본문을 작성하는 것이 필요하다. 기본적인 흐름은 중요 내용 제시, 세부내용 설명, 사례 등이 뒤따르는 구조이다. 공공기관의 경우 마지막에 기관장의 멘트 등을 삽입하는 경우도 있다.

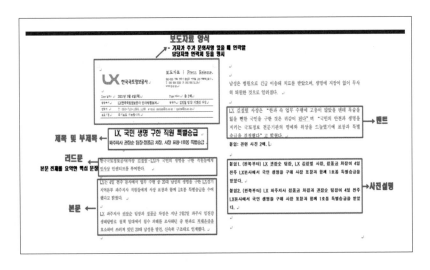

흔히들 기사는 중학교 2학년이 읽어도 이해할 수 있을 정도로 쉽게 써야 한다고 한다. 때문에 보도자료 작성 역시도 공공기관이 자연스럽게 쓰고 있는 전문용어나 약어 등의 사용은 자제해야 한다. 우리는 모르지만 대부분의 공공기관들은 자신들만의 특수한 역할과 영역이 있기 때문에 전문용어를 꽤 많이 사용하고 있다. LX한국국토정보공사와 같은 경우에는 주업무가 '지적(地籍)'이다. 하지만 이것이 우리가 흔히 쓰는 '지적(指摘)질 하지 마', '엄청 지적(知的)이시네요'에 쓰이는 단어가 아니다. 땅의 호적이라는 뜻이 지적인데, 가장 기본적인 이 말조차도 너무 어렵기 때문에 보도자료 작성에 많은 애를 먹곤 했다. 만약 영문 약어를 많이 쓰는 기관이라면 전체 영문과 한글을 병행해서 이해하기 쉽게 해야 한다.

보도자료를 쉽게 쓰는 가장 좋은 방식은 '짧게 쓰는 것'이다. 중문보다는 단문으로 작성하며, 한 문장은 최대한 짧게 끝내야 한다. 글이 길어지면 독자들은 피로감을 느끼고 글의 힘도 떨어진다. 이와 같은 맥락으로 '그리고', '하지만' 등의 접속사는 최대한 자제해야 한다. 쉽게만 쓴다고 해서 동화책처럼 보도자료를 써서는 안 된다. 팩트에 기반을 두는 보도자료를 작성해야 하는데 가장 쉬운 방법은 숫자를 활용하는 것이다. 기자들이 좋아하는 보도자료는 관련 근거나 수치가 명확한 자료이다. 같은 보도자료라도 숫자가 들어가면 기사화될 가능성이 높다. 예를 들어 'LX공사 우즈베키스탄 지적정보화사업 수주'라는 제목보다는 'LX공사 지적사업 수출 100억 시대 개막'처럼 숫자가 들어간 제목과 기사는 신뢰성을 높일 수 있다.

보도자료를 보도자료처럼 쓰는 방법 중, 숫자 다음으로 중요한 것이 바로 육하원칙이다. 공공기관의 모든 보도자료를 홍보담당자가 작성할 수는 없다. 홍보담당자는 각 부서별 보도자료로 초안을 검토하고 보도자료에 맞게 수정하는 역할을 수행한다. 하지만 부서에서 작성한 초안들을 검토하는 일은 처음부터 다시 작성하는 것과 별반 다르지 않다. 그럴 때마다 요청하는 것이 "육하원칙에 맞는 팩트만 넣어달라"는 것이다. ○○행사를 개최했는데 장소와 참석자가 빠졌다든지, ○○대국민 이벤트를 개최하는데 응모 시기와 방법이 없다든지 하는 사례가 수두룩하다. 홍보맨은 기사에 기본적인 팩트자료를 꼭 체크해야 한다. 아래는 보도자료 유형별 필수적으로 들어가야 하는 내용들이니 참고하면 좋을 것 같다.

- 계약, 수주관련: 계약명, 계약상대명, 기간, 특징, 기대효과, 향후계획
- 이벤트: 이벤트명, 특징, 기간과 내용, 이벤트의 의미, 기대효과
- 사회공헌: 장소와 시간, 목적, 내용, 참석자, 기대효과
- 사업성과: 사업내용, 기간, 성과, 기대효과

보도자료 작성 시 앞서 말한 바와 관련기사를 검색하는 것도 좋은 방법이지만 기사 분석이 어렵다면 더 좋은 방법이 있다. 뉴스와이어(www.newswire.com)다. 어서 메모해라. 분야별 보도자료를 검색하고 활용할 수 있는 사이트이다. 게다가 무료다. 여기서 다운로드

해 우리 기관에 맞게 변형해서 사용하면 된다. 이미 검증되어 있는 보도자료들이기 때문에 보도자료 형식 등을 고민하지 않아도 된다. 제발 맨 땅에 헤딩하지 말자. 우리는 생각보다 글을 잘 쓰지 못할 수도 있다. 거인의 등에 올라타라.

[참고 사항 1]

보도자료 작성 10계명

1. 정확히 표현하라.
   예) 많은 사람들이 → 200여 명이

2. 핵심을 전달하라.
   예) LX공사는 올해 임금협상을 원만히 타결 지었다.
   → LX공사는 올해도 무쟁의로 임금협상을 타결했다.

3. 짧은 문장이 좋다.
   중문, 복문을 피하고 2~3개의 문장으로 나눠서 처리

4. 전문용어를 피하라.
   기자가 엉터리로 해석해 기사화할 수도 있다.

5. 과도한 수식어를 빼라.
   세계 최초, 국내 유일 등

6. 시의적절한 보도자료를 써라.
   일주일 전 주제는 기삿거리가 안 된다.

7. 팩트에 맞는 제목을 달아라.
   오보의 가능성을 줄일 수 있다.

8. 지나치게 과장하지 마라.
   보도자료는 소설이 아니다. 지나친 과장은 신뢰성을 약화시킨다.

9. 독자(국민) 입장에서 작성하라.
   보도자료의 최종 소비자는 국민이다.

10. 중요한 것부터 써라.
    두괄식으로 작성해서 중요한 것이 앞에 나오도록 해라.

★
기자 관리

공공기관 임직원들이 가장 두려워하는 일 중 하나가 기자와의 대화이다. '내가 잘못 말해서 기사 안 좋게 나가면 어떡하지?, 이건 잘 모르는데 어떻게 말해야 하나?, 기자 비위를 맞춰야 하는 건가?' 등 기자와 대화를 하게 되면 오만 가지 생각이 든다. 나 역시도 홍보주니어 시절 기자를 상대하는 것이 가장 난감했었다. 특히나 나는 체질적으로 술을 입에도 대지 못한다(술을 못 먹어도 홍보부서에서 5년째 잘 버티고 있다. 술 못 마시는 홍보주니어들이여, 힘을 내라). 때문에 그 압박감은 더 심했다. 선배들 무용담에 따르면 술 한잔하면서 '형님, 아우' 하게 되면 그 다음부터는 일사천리라고 들었기 때문이다.

하지만 기자도 사람이다. 꼭 술이 아니더라고 인간적으로 친해질 수 있는 방법은 여러 가지가 있고, 기자들이 원하는 것도 꼭 술이 아니다. 기자들이 가장 좋아하는 것은 바로 기삿거리다. 우리 기관의 업무 분야는 기자보다도 내가 훨씬 잘 알고 있다. 또한 기자들은 항상 새로운 것을 찾기 때문에 좋은 보도자료를 수시로 보내주는 우리는 기자 입장에서 정보원일 수도 있다. 때문에 기자를 상대하는 데도 최소한의 예의와 진정성을 갖고 만난다면 충분히 좋은 관계를 유지할 수 있다. 내가 모시던 언론팀장은 비싼 한정식이나 술집이 아닌 국밥 한 그릇 하면서 이야기하고 보내는데도 기자들 사이에서 좋은 평판과 탄탄한 언론 네트워크를 만들었다. 기자들은 거지가 아니다. 무조건 광고와 접대로 기자 관리를 하는 것이 능사는 아니다. 좋은 기삿거리와 최대한의 예의를 갖고 사람 대 사람으로 대하는 것이 중요하다. 기자들이 작성한 기사에 대한 모니터링과 피드백을 주는 것도 기자 관리의 중요한 포인트이다. 기본적으로 기관의 홍보맨은 우리 기관의 기사를 써주는 언론사의 기사를 대부분 읽어봐야 한다. 그리고 기사마다 기자의 논조가 다르기 때문에 그것을 기억하고 기자에서 피드백 해준다면 기자의 입장에서는 고마움을 느낄 것이다. 기자는 자신의 기사를 읽고 그에 대한 이야기를 해주는 것을 가장 좋아한다. 기자는 기본적으로 자기 직업에 대한 프라이드가 높다. 기관에 대한 좋은 내용의 기사를 썼다면 기자에게 문자나 전화를 해보자. 비용을 들이지 않고도 좋은 관계가 형성될 것이다.

★
보도자료 배포

매년 국정감사 시즌이 되면 국회 기자실 앞 복도에는 진풍경이 펼쳐진다. 국정감사는 모든 공공기관이나 정부부처들의 일 년 농사를 국회의원들에게 평가받는 자리이다. 이 기간 동안 국회의원들은 기관이나 부처들의 잘못된 점을 찾아내서 보도자료를 배포하고 국민들에게 알린다. 때문에 국회 기자실 앞 작은 복도 책상에는 각 의원실별로 출력해서 쌓아놓은 보도자료들이 즐비하다. 물론 요즘 그 인쇄물을 들고 가서 기자를 쓰는 기자분들은 거의 없다. 대부분의 보도자료는 이메일을 통해 배포된다. 그럼에도 불구하고 이런 풍경들이 아직 보이는 건 예전부터 지속되어온 일종의 관습이랄까?

아무튼 기관, 부처 홍보담당자들은 기자들보다 빨리 어떤 보도자료가 나왔나 확인하기 위해서 국정감사 시즌이 되면 국회 기자실 앞에서 진을 치고 있기도 한다.

앞서 말했든 대부분의 기관 보도자료는 이메일을 통해서 배포된다. 그렇다면 어디로 어떻게 뿌려야 될까?

아무리 좋은 보도자료를 만들어도 제대로 뿌려야만 기사화될 수 있다. 기사화는 순전히 기자들의 몫이다. 내가 그 기자랑 친분이 있다고 해서 무조건 기사화되지도 않을뿐더러, 안면이 없더라도 좋은 보도자료라면 기사화될 수 있다. 때문에 기획기사가 아닌 스트레이트 보도자료라면 최대한 많은 기자들의 메일링리스트를 확보해서 배포하는 것이 필요하다.

아마 기관마다 보도자료를 배포하는 기자들 리스트가 있을 것이다. 요즘은 이메일로 모든 보도자료를 배포하기 때문에 보도자료 이메일 리스트를 만들어 놓는 것이 중요하다. 만약 메일링 리스트가 없다면, 언론사별로 산업부, 경제부 등 우리 기관과 관련 있는 분야의 기자들을 검색해 만들 필요가 있다. 바이라인이라고 해서 모든 기사에는 마지막에 해당 기자의 이메일이 적혀 있다. 어떤 언론사를 검색해야 할지 모르겠다면, 한국언론진흥재단에 지면과 온라인 신문사 리스트를 받는 것도 좋은 방법이다. 한국언론진흥재단에 관해서는 뒤에서 다시 설명하겠다. 보도자료를 보낼 우리 기관만의 메일링 리스트가 완료되었다면 작성된 보도자료를 최적의 시기에 배포해야 한다.

보도자료는 배포 시기도 중요하다. 일반적으로 지면을 발행하는 언론사는 오후 4시 정도에 기사를 마감한다. 때문에 다음날 지면에 실리고 싶다면 2시 30분 이전에 보도자료를 배포하는 것이 좋다. 물론 인터넷 언론사는 마감시간이 따로 없기 때문에 시간 제약은 없지만 그래도 평균적으로 2~3시를 보도자료 배포시간으로 인식하고 있는 것이 좋다. 석간신문의 경우에는 오전 9~10시 정도까지 보도자료를 배포해도 된다. 보도자료 배포 시 홍보주니어들이 자주하는 실수 중 하나는 받는 사람 주소에 모든 언론사를 다 때려 넣는 것이다. 그렇게 되면 받는 기자 입장에서는 '내가 저 수백 개의 언론 중에 하나일 뿐이군'이라며 기분이 나빠질 수 있다. 모든 메일에는 숨은 참조 기능이 있다. 한 번에 보낼 때 다른 사람의 메일 주소가 안 보이는 기능인데, 보도자료 배포에 굉장히 유용하게 사용할 수 있다. 받는 사람을 자신으로 하고 모든 메일링 리스트들은 숨은 참조에 붙여 넣기를 해서 발송을 하게 되면 메일이 잘 갔는지 확인도 가능하고 기자들의 기분도 상하지 않게 할 수 있다. 숨은 참조 기능을 활용하자.

★
취재 대응

몇 해 전에 '흑자경영연구소'(이름이 좀 이상한지만 대한민국에서 몇 안 되는 홍보 관련된 전문교육을 하는 곳이다) 홍보교육과정 중 '기자와의 대화' 시간에 조선일보의 현직 기자의 강의를 들을 기회가 있었다. 그 기자에 따르면 기자들이 삼성을 좋아하는 이유는 광고비를 많이 줘서이기도 하겠지만 가장 큰 이유는 "삼성은 어떤 일이 있어도 전화는 받는다"라고 했다. 삼성의 홍보담당자는 24시간 언제든 전화는 무조건 받는다고 한다. 부정보도 건이 있어서 취재를 하더라도 답변은 못 줄지언정 전화는 꼭 받는다는 것이다. 기자 입장에서 본다면 충분히 이해가 가는 대목이었다. 취재거리가 있어서 홍보담당자에게 연락을 했는데 전화통화 자체가 안 되고 전화를 피하게 되면, 그 기관에 대한 이미지만 나빠질 뿐이다. 바로 대답할 수 없는 취재가 들어오더라도 꼭 전화는 받아서 사정을 말하라. 앞서 말한 바와 같이 기자도 사람이다. 우리 쪽 사정을 충분히 들어줄 수 있다.

취재 대응에서 가장 안 좋은 케이스가 몇 가지 있다. 우리 기관은 '땅'이라는 굉장히 민감한 업무를 하는 기관이기 때문에 부정적 이슈가 종종 터지곤 한다. 제도적인 문제로 발생하는 필연적인 상황이 많은데, 아쉽게도 잘못된 언론 대응으로 인해 문제를 키운 적이 몇 번 있다. 대표적인 경우가 '안 해도 될 말을 한 경우'이다. 공공기관 종사자들은 한 분야의 전문가들이다. 전문가들의 특성이 자꾸

본인 분야에 대해서 설명하고 싶어 한다는 것이다. 해당 건에 대해서만 사실대로 설명하면 되는데, 굳이 말하지 않아도 되는 문제점들을 기자들에게 설명하게 된다. 그때 기자들은 'A를 파 보려고 했더니, B도 있네? 이것도 파 봐야지'하는 생각으로 계속 취재가 들어오고 나중에는 문제가 눈덩이처럼 커지게 된다. 하지 않아도 될 말, 정해지지 않는 애드리브는 취재 대응에서 절대 금물이다.

다음은 거짓말이다. 어떠한 경우든 홍보담당자는 거짓말을 하면 안 된다. 때문에 최대한 정제된 답변을 정리해서 그 말을 반복해야 한다. 그때 상황을 모면하기 위해 거짓말을 하게 된다면, 그 거짓말을 덮기 위해 또 다른 거짓말을 하게 된다. 기자의 특성상 계속해서 문제를 파헤치는 특성이 있기 때문에 거짓말은 쉽게 들통이 나게 마련이다. 그리고 그 거짓말로 인해 나중에 기사 전체가 굉장히 부정적으로 작성될 확률이 높다.

마지막으로 좋지 않은 취재 대응 케이스는 '원 보이스'가 안 되는 것이다. 처음에는 이 사람이 답변했다가 다음에는 다른 사람, 다시 전화할 때는 또 다른 사람이 취재 대응을 하게 된다면 답변의 일관성이 흔들리는 것은 물론이고 기자 입장에서 짜증이 날 수 있다. 언론 취재 대응은 기관별로 1명이 맡아서 취재 이슈에 대한 답변을 정리해서 일관된 목소리를 낼 필요가 있다. 기자가 무서워서 서로 떠넘기는 기관에 대한 기사가 좋게 나올 리 만무하다. 부정적인 이슈가 있더라고 정확한 팩트를 알려주고, 기관의 입장을 명확하게 밝혀야 한다. 그래야만 부정 이슈의 확산을 막을 수 있다. 호미로 막을 것 가래로 막지 말자.

기관들은 정기적으로 출입기자들을 상대로 기자간담회를 개최한다. 기관의 주요 사업성과를 알리거나 기관장의 경영철학 등을 기자들과 공유하는 자리이다. 몇 십 명이 참석하는 기자간담회를 할 수도 있고, 2~3명이 참석해 식사와 함께 이야기를 할 수 도 있다. CEO 등이 참석하는 기자간담회는 연 1~3회 정도 개최한다. 내가 근무하고 있는 LX한국국토정보공사는 별도로 출입하는 기자들은 없다. 다만 국토부 산하기관이기 때문에 국토부 출입기자들과 관계를 유지하고 있다. 기자간담회 역시 국토부가 있는 세종에서 개최를 하는데 이때 국토부 기자실을 담당하고 있는 기자실 실장의 역할이 매우 중요하다. 이분은 기자가 아니라 국토부 소속 공무원이다. 때문에 기자들이 바뀌어도 몇 년째 계속 기자실을 관리하고 있다. 이분과의 소통이 원활해야 우리가 원하는 시기에 기자들을 불러 모아서 기자간담회를 개최할 수 있다. 물론 기자실 실장뿐 아니라 기자들이 자체적으로 선발한 간사, 부간사와의 소통도 매우 중요하다. 기자들을 대표하는 분들이기 때문에 평소에 별도로 관계를 형성할 필요성이 있다. 실장, 간사, 부간사와 잘 협의하여 기자간담회를 열었다고 해서 홍보담당자의 역할이 끝나는 것은 아니다. 홍보맨은 기자간담회에서 이야깃거리가 될 수 있는 소재를 만들어 화두를 던져야 한다. 식사를 동반하는 소규모 기자간담회의 경우에는 인간적인 대화만으로도 충분한 목적 달성이 될 수 있지만, CEO 등이 참석하는 기자회견 형식의 기자간담회의 경우에는 될 수 있으면 많은 언론사에서 내용을 기사화할 수 있도록 자료를 준비해야 한다. 사전에 기자들의 흥미를 끌 수 있는 자료를 만들어서 배포하거나, 기자들이 궁금해할 만한 질문지 등을 전달하는 것도 좋은 방법이다.

★ 언론 광고

요즘 언론사가 매우 어렵다. 매년 큰 폭으로 감소하는 신문구독률 때문에 광고수입이 줄어들고 있어서이다. 문화체육관광부 통계자료에 따르면 2011년 1조 7,092억 원에 달하던 신문광고는 2019년 들어서는 8,769억 원까지 떨어졌다고 나타났다. 몇 년 사이에 반토막이 난 것이다. 그나마 언론사들이 유지되는 게 정부광고 덕분이다. 만약 공공기관이나 지자체, 정부 등이 광고를 하지 않는다면, 망하는 언론사가 수두룩 할 것이다(물론 아직까지 망한 언론사 이야기는 못 들어 본 것 같다). 통계에 따르면 언론사는 매년 증가 추세를 보인다. 2020년에 등록된 언론사만 약 2만 여 개에 달한다고 한다. 때문에 언론사마다 광고 수주 경쟁이 치열하다. 예전에는 마케팅 부서에서만 광고 수주를 진행했지만 이제는 보도국까지 동원되고 있다. 공공기관 홍보담당자 입장에서 기자로부터 광고 부탁이 들어오면 바로 거절하기가 아주 어렵다. 하지만 기관 예산은 한정되어 있기 때문에 부탁이 들어온 광고를 모두 진행할 수는 없다. 때문에 내가 근무하고 있는 기관은 광고담당과 언론담당을 분리해서 운영했다. 언론담당에게 광고 요청이 들어오면 권한이 없다고 정중히 말하고 광고 담당자와 연결시켜주면 된다. 물론 같은 기관이기 때문에 완전의 자유로울 수는 없지만 노련한 광고 담당자들은 언론사의 기분을 상하지 않게 하면서 광고 요청을 거절하는 스킬이 필요하다. 돈으로 언론을 대하는 것은 하수 중의 하수다. 한번 광고로 기사를 만들거나, 안 좋은 기사를 막게 된다면 다음번에는 더 큰 요구를 하게 된다. 때문에 언론광고는 집행할 때 매우 신중하게 해야 한다. 우리는 돈이 그리 많지 않으니까. 지역에 있는 기관의 경우에는 언론광고와 관련해 어려움이 더 있다. 중앙 언론사뿐 아니라 지역 언론까지 신경써야 하기 때문이다. 정해진 예산 안에서 집행해야 하는 언론광고 수량이 늘어나는 것이다. LX한국국토정보공사에는 매년 기자간담회에서 솔직하게 돈이 많지 않다는 이야기를 전하고, 지역의 언론사들에게 규모와 상관없이 년 1회에 한해서 광고를 게재하겠다고 정리한 적도 있다. 그 이후에는 각언론사별로 무리하게 광고를 요청하지 않고 나름대로 잘 꾸려가고 있다.

★
신문스크랩

공공 홍보담당자들이 해야 할 일 중에서 가장 피곤한 일 중 하나가 바로 신문스크랩이다. 특히 나처럼 아침 잠이 많은 사람들은 더욱 그렇다. 예전에는 새벽 5시 정도에 광화문에 몰려 있는 신문사 앞으로 오토바이 몇 대가 신문을 가득 싣고 들어오면 신문 배달원과 수십 명의 기업체 홍보담당자들이 뒤섞이며 한바탕 혼잡을 만들내기도 했다. 신문사들이 아침에 배달될 신문을 인쇄하기 전에 찍은 초판신문(가판)을 확인하기 위해서였다. 기업체 홍보담당자들은 회사 관련 기사가 어떻게 나왔는지, 부정 기사가 나오지는 않았는지 가판을 확인하고 기사를 수정하기 위해 애를 썼다. 하지만 2005년 중앙일보에 이어 조선일보가 가판을 폐지하면서 이런 진풍경은 역사 속으로 사라졌다.

이제는 광화문에서 가판을 확인하지 않지만 여전히 새벽에 출근하는 홍보담당자들이 많다. 그날그날 수많은 신문들 사이에서 기관, 기업 관련된 기사를 스크랩해서 임원과 직원들에게 공유해야 하기 때문이다. 포털에서 검색만 하면 기사가 쫙 나오는 시절이지만 아직도 신문스크랩은 홍보부서의 주요 업무 중 하나이다. 예전에는 인쇄된 신문을 받아서 오리고 붙이고 해서 그날 신문스크랩을 만들었다고는 하는데 요즘은 훨씬 편리하고 효율적인 프로그램이 생겼다. 지면, 온라인 신문을 망라하고 모든 신문들에서 내가 원하는 정보만 쏙 뽑아서 PDF로 만들어주는 스크랩 프로그램들이 생겼기 때문이다.

다하미의 '스크랩마스터'와 아이서퍼의 '아이서퍼'가 가장 대표적인 신문스크랩 프로그램이다. 매월 일정한 비용을 지불하면 이런 스크랩 프로그램을 이용할 수 있는데 내가 지정한 검색어에 해당

하는 신문 내용들은 한눈에 볼 수 있을 뿐 아니라 데이터분석, 시각화 등까지 가능한 프로그램이다. 매월 이용료가 수백만 원에 달하는 고가라는 것이 조금 걸리기는 하지만 홍보부서 담당자로서 아주 유용한 프로그램이니 꼭 숙지하길 바란다. 언론과 기관 홍보 업무는 떼려야 뗄 수 없는 관계이다. 홍보실적을 계량적으로 표현할 수 있는 수단이기도 한데, 이런 스크랩 프로그램들은 우리 기관의 언론 노출내용을 홍보비용으로 환산해 알려주기까지 하니 그 효용성이 비용 대비 낮다고 할 수 없다.

| 스크랩마스터 5 | 아이서퍼V4M |

우리 기관의 경우 매일매일 당번을 정하고 당일 당번이 6시에 출근을 해 스크랩마스터를 이용해 당일 기사를 스크랩하고 사내 게시판 올리고 임원들에게 전송한다. 보통 1시간에서 1시간 30분 정도 소요되는 일이다. 비록 가판을 확인하고 기사를 수정할 수는 없지만 당일 나타난 부정이슈를 누구보다 빠르게 인지하고 대응을 할 수 있으니 홍보부서의 신문스크랩은 꼭 필요한 일 중 하나가

됐다. 2020년 언론 및 간행물 등록건수는 21,781건으로 매년 증가하고 있으며 그중 인터넷신문은 매년 최대 폭으로 증가하고 있다. 폭발적으로 늘어나는 인터넷 언론을 모니터링하기 위해서는 스크랩마스터, 아이서퍼와 같은 언론모니터링 프로그램이 홍보담당자에게는 필요하다.

언론홍보는 공공기관 홍보에서 아주 많은 비중을 차지한다. 신문 구독률은 매년 감소하고 있지만, 기관에 어르신들, 관계기관, 주무부처들에게 언론의 영향력은 아직 막강하다. 특히 국정감사, 경영평가 등 큰 이슈가 있는 시기에서는 기사 하나하나에 신경을 써야 한다. 또한 보도자료 배포를 통한 기사화는 적은 비용으로 계량화된 실적을 만들기 가장 좋은 수단이다. 기자를 대하는 것은 공공기관 임직원으로 가장 어려운 일이기는 하지만, 기자도 사람이기 때문에 기본적인 예의를 지키며 진심으로 대한다면 분명 좋은 효과가 있을 것이다. 오늘도 언론을 상대하고 있을 공공기관 홍보맨들에게 존경의 박수를 보낸다.

★
2

우리도
TV광고 합니다

2020년 충격적인 기관 홍보영상을 봤다. 한국관광공사에서 해외홍보용을 제작한 'Feel The Rhythm of KOREA'라는 홍보영상이었는데 바로 대한민국 공공기관의 이 광고가 해외 네티즌들에게 '미친광고'로 불리며 뜨거운 반응을 불러일으켰다. 이날치 밴드와 앰비규어스 댄스 컴퍼니가 함께한 이 영상은 '조선의 힙'을 보여주며 그야말로 폭발적인 반응을 일으켰다. 하지만 공공기관 홍보담당자로서 나는 말끔한 정장에 물안경을 쓰고 나와 판소리에 맞춰 춤을 추는 영상을 보며 '잘 만들었다! 재미있네?' 이런 생각보다는 '어떻게 결재를 받았지?'라는 생각이 먼저 들었다.

영상 담당자를 특별승진을 시키라는 국민청원까지 올라간 공공에서는 보기 드문 영상이었다. 그리고 이 영상의 담당자는 '제1회 적극행정 유공포상'에서 대통령 표창까지 수상하면서 톡톡한 덕을 보았다. 일하면서 상도 받고 유명세까지 탔으니, 같은 분야 종사자로서 그 담당자가 이룬 성과와 보상이 부러울 따름이다. 그리고 한편으로는 '우리 기관은 왜 저렇게 못 만들지? 한번 해 볼까?'라는 생각까지 들게 되는 대목이다.

공공기관의 매체광고는 TV를 시작으로 유튜브, 고속도로 지주간판 광고, 지하철, 라디오까지 다방면으로 진행된다. 그리고 예산 규모도 홍보부서 예산의 대부분을 차지할 정도로 크다. 나도 홍보부서 근무 4년 만에 적극적인 지원으로 겨우 담당자가 되었던 업무인데 그만큼 홍보부서에서 언론홍보와 더불어 가장 비중 있고 중요한 업무이다. 때문에 매체광고를 진행하는 담당자는 그 만큼 부담을 갖게 된다. 홍보부서에서 책임은 예산의 규모에 비례한다.

과거 매체광고를 진행할 때 가장 중요한 것은 많은 예산이었다. 그 때에는 광고를 TV를 통해 반복적으로 노출하다 보면 자연스레 사람들의 인식이 바뀌고 기관을 알릴 수 있었다. 하지만 TV를 이용하는 비중은 점점 줄어들고 있고 사람들은 TV 대신 모바일 기기와 OTT 서비스를 더 활용하게 됐다. 2020년 기준으로 스마트폰 매체 중요도는 63%를 넘어섰고 50대 이상에서 OTT 이용률은 전년대비 98.8%나 증가했다.

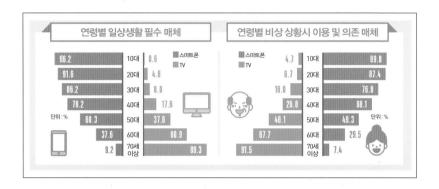

연령별 일상생활 필수 매체			연령별 비상 상황시 이용 및 의존 매체		
96.2	10대	0.6	■스마트폰 4.7	10대	89.0
91.6	20대	4.8	6.7	20대	87.4
86.2	30대	8.0	16.0	30대	76.8
78.2	40대	17.6	26.8	40대	68.1
60.3	50대	37.6	46.1	50대	49.3
37.6	60대	60.9	67.7	60대	29.5
9.2	70세 이상	89.3	91.5	70세 이상	7.4

이런 환경 변화는 공공기관 홍보담당자로서 매우 반가운 소식이다. 이제는 '돈'만으로 광고하는 게 아니라 콘텐츠로 승부를 할 수 있게 된 것이다. 실제도 한국관광공사의 'Feel The Rhythm of KOREA'는 국내 TV방송이나 유튜브 등 매체에 대대적으로 광고예산을 태우지 않았다. 아니 송출예산 중에 가장 큰 비중을 차지하는 TV광고는 아예 하지도 않았다. 말 그대로 국민들이 알아서 찾아보고 알아서 확산시켜준 광고 영상이다. 이제 공공기관도 많은 자본을 들이지 않고도 좋은 콘텐츠로, 재미있는 콘텐츠로 광고하며 우리 원하는 홍보효과를 얻을 수 있는 시대가 왔다. 이번 챕터에서는 공공기관에서 추진하는 매체광고 제작과 송출에 대해서 알아보겠다.

★
공공광고의 덕목

공공의 광고는 민간의 광고와는 결이 달라야 한다. 그 이유는 광고를 통해 얻고자 하는 것이 다르기 때문이다. 민간은 상품을 팔거나 광고를 통해 서비스 이용을 늘리는 '눈에 바로 보이는 목표'가 있다. 광고 효과도 '매출 증가'라는 바로바로 확인이 가능한 지표가 있기 때문에 좀 더 공격적인 광고를 할 수 있다. 하지만 공공의 광고는 상품을 파는 것이 아니다. 기관의 이미지를 개선하고 기관들이 국민들에게 제공하는 서비스를 알려서 국민들의 생활의 편익을 주고, 그 기관이나 부처에서 추진하는 정책이 국민들에게 공감을 얻을 수 있게 하는 것이 목적이다. 광고를 하고자 하는 대상도 민간의 경우와는 다르다. 민간은 광고의 대상이 돈을 쓰는 '소비자'이지만 정부광고의 경우 모든 국민을 대상으로 한다. 때문에 공공의 광고는 주제부터 매체 선정까지 목적과 대상이 민간과는 다르게 접근해야 한다.

공공부문 광고의 최대 덕목은 '공익'이다. 그래서 대부분의 공공들이 하는 광고는 '공익캠페인'으로 귀결된다. 하지만 그것은 공공 자체의 목적이지 우리 홍보담당자의 덕목은 아니다. 홍보담당자들은 공익도 좋지만 우리 기관을 많이 알리고, 홍보에서 성과가 나야 한다. 공공이라고 해서 공익만 추구해서는 홍보부서의 입지가 점점 좁아질 수밖에 없다. 홍보담당자는 '공익캠페인'이라는 포장지를 잘 씌워서 어떻게든 기관의 이미지를 개선하고 기관의 이름을 국민들에게 알려야 한다. 기관의 이미지가 좋아지고 신뢰도와 호감도가 올라간다면, 같은 사업을 하더라도 그것을 받아들이는 국민들의 태도가 달라진다. LX한국국토정보공사의 주 업무인 '지적측량'을 수행하기 위해 전국을 누비는 우리 LX인들을 가끔씩 현장에서 만날 때가 있다. 그때마다 그분들이 말씀해 주시는 것들이 나에게는 큰 힘이 되곤 했다. 그분들은 LX광고가 TV에서 나오고 고속도로를 지나갈 때 광고간판이 보임으로써 고객들이 공사를 대하는 태도가 달라진다고 했다. 똑같은 일이라도 작은 업체에 일을 맡겨서 하는 것과 공사가 할 때와는 믿음의 정도가 달라진다는 것이다. 공감하는 바이다. 똑같은 재질과 옷을 사더라고 브랜드 마크 하나 차이로 인해서 가격은 몇 배가 뛰지 않는가. 그것이 바로 브랜드 가치다. 홍보주니어들의 역할은 효과적인 매체 광고를 통해서 우리기관, 우리 조직의 브랜드 가치를 높여서 실제 사업을 추진하는 부서가 더 잘 그 사업을 추진하고, 국민들에게 서비스하는 직원들이 좀 더 편하게 업무를 할 수 있도록 도와줘야 한다. 그것이 지원 업무를 하는 홍보부서의 덕목이라고 생각한다. 공공의 광고 덕목은 '공익'이지만, 우리 홍보담당자들의 광고 덕목은 '브랜드 가치'다

	정부광고	민간광고
목적	정보제공 및 사회적 공익성 추구 공공분야 이미지 개선 및 신뢰 구축	상품·서비스 판매 극대화 자사 이윤 추구 및 브랜드 이미지 제고
대상	국민	소비자

★ 광고의 반은 주제 선정

앞서 말한 바와 같이 기관의 홍보담당자가 고려해야 하는 최대 덕목은 기관의 이미지, 즉 브랜드 가치를 높이는 것이다. 그리고 대부분의 기관들이 TV 광고를 제작할 때도 기관의 슬로건이나 비전 등을 알리고 '우리는 ○○○한 기관이다' 등 기관의 이미지를 형성하기 위한 광고를 한다. 하지만 아쉽게도 이런 기관의 브랜드 광고들은 보기만 좋을 뿐 전혀 재미있지는 않다. '아~ 좋은 곳이네……. 근데 뭐???'라는 반응이 나오기 십상이다. 물론 이런 광고를 1년 내내 반복해서 노출한다면 어느 정도 기관이 원하는 효과를 줄 수 있다. 하지만 기관의 예산 상황에 맞춰 광고를 추진하면 길어봐야 3개월이다. 기관의 광고비는 생각보다 많지 않으며 광고 송출비용은 생각보다 많이 비싸다. 미국 사회심리학자 로버트 자이언스 (Robert B. Zajonc)가 말한 단순노출 효과를 바라면서 전형적인 기관 브랜드 광고를 내보낼 정도의 예산이 있을 리 만무하다. 우리

단순노출 효과(Mere Exposure Effect)

단순한 노출 경험이 반복되어 친숙도가 쌓이면 상대에게 더 큰 호감을 느끼는 현상으로 '친숙도 원리'라고도 한다.

미국 사회심리학자인 로버트 자이언스(Robert B. Zajonc)가 처음으로 제시한 이론이다. 그는 대학생들에게 12장의 얼굴 사진들을 무작위로 여러 번 보여주고 얼마나 호감을 느끼는지를 측정했는데, 사진을 보여주는 횟수가 증가함에 따라 호감도가 올라가는 사실을 확인했다.

홍보주니어들은 제발 이런 '우리는 ○○○한 기관이에요'라는 광고는 내지 않기를 바란다. 그렇다면 우리는 무엇을 해야 할까?

적은 예산, 높은 송출비 때문에 광고를 제작하려고 마음먹었다면 기획부터 많은 조사와 고민이 필요하다. 처음 광고 업무를 맡은 홍보주니어들은 막막할 것이다. 광고 트렌드를 어떻게 알아내야 하며, 어떤 매체에 어떻게 광고를 송출해야 하는지까지 모르는 것 투성이일 것이다. 이때 도움을 받을 수 있는 믿을 만한 전문가들이 있다. 「정부기관 및 공공법인 등의 광고시행에 관한 법률」(약칭: 정부광고법)' 제6조에 명시된 정부광고 업무 위탁기관인 '한국언론진흥재단(이하 언론재단)' 이다. 언론재단은 법에 따라 광고에 필요한 각종 정보 제공 및 광고 컨설팅의 의무가 있다. 물론 2018년 11월 법에 따라 공공기관의 경우 유료고지 광고를 의무적으로 언론재단에 통하게 됨에 따라 일이 몰리고는 있지만(업무과중으로 인해서 언론재단 담당자와는 전화통화가 잘 안 된다) 메일로 문의하면 친절하게 답변이 온다. 매체광고를 처음 맡은 담당자들은 1차로 전임자에게 관련 자료를 받아서 공부를 하고, 모르는 것이나 추가 필요자료가 있을 때는 언론재단 담당자에게 요청하면 많은 도움을 받을 수 있다. 나 역시 전임자가 파일 1개도 주지 않고 타 부서로 전출을 가버려서(전임자는 광고의 경우 과거 자료가 별 필요 없어서 그렇다고 했다……) 무엇을 먼저 해야 할지 모르던 찰나에 언론재단을 통해서 많은 자료를 받을 수 있었다. 그때 받은 자료들은 광고 트렌드를 알 수 있는 분석자료, 연령대별 매체이용 행태조사, 언론부문 노출 현황, 매체별 시청률 등이다. 홍보담당자는 이러한 트렌드 분석 자료들을 바탕으로 우리 기관에서 광고 소재로 삼을 수 있는 소재를 발굴해야 한다. 광고 소재가 명확해야만 광고제작자도 방향을 잡고 마음껏 그들의 크리에이티브를 펼칠 수 있다. 애매하고 두리뭉실한 주제를 던져주면 딱 그만큼만 나온다. 나도 내가 뭘 해야 하는지 모르는데, 우리 기관에 대해서 1도 모르는 광고제작사가 알아서 '짠' 하고 멋진 광고를 만들어 줄 것이라고 생각한다면, 큰 오산이다. 광고제작을 위한 시작 단계에서 가장 중요한 것은 명확한 메시지다. 어떤 메시지를 누구에게 전달할 것인지는 언론재단이나 광고대행사가 할 수 있는 일이 아니다. 컨설팅을 할 때도 목적과 대상, 시기, 예산 등을 정확히 알려줘야만 제대로 된 컨설팅을 할 수 있기 때문에 광고제작을 시작하는 홍보담당자라면 메시지에 대한 고민의 꼭 해야 한다. 매체광고는 기관전체를 알리는 홍보수단이고 가장 큰 비용이 드는 홍보이기 때문에 홍보담당자는 그에 맞는 책임감과 사명감을 가지고 일해야 함을 물론이다. 좋은 광고를 제작하고 싶다면 광고 주제와 메시지 선정부터 신중하고 구체적으로 만들어야 한다. 다시 말하지만 광고제작의 첫 시작은 명확한 주제선정, 즉 '메시지'다.

좋은 파트너를 만나는 것도 홍보주니어의 능력

우리 기관을 잘 알리기 위한 광고주제가 선정되었다면, 광고제작사를 찾아야 한다. 당연한 이야기지만 TV와 유튜브에 실릴 광고영상을 우리가 직접 만들 수는 없다(혹시 진짜 능력 있는 홍보주니어가 "전 만드는데요?"라고 말한다면, 할 말은 없다). 때문에 광고를 전문으로 하는 제작사에 의뢰하는 과정이 필요하다. 광고제작사는 대형광고기획사부터, 지역의 소규모 영상 제작 업체까지 매우 다양하다. 영상이라는 것은 예산과 퀄리티가 비례한다. 싸게 만든다면 40초짜리 공익캠페인도 1,000만~2,000만 원 선에서 만들 수 있다. 물론 그 영상의 퀄리티는 딱 지역케이블 방송에서 송출되는 광고 수준이다. 적어도 지상파에 송출될 광고를 만들기 위해서는 약 1억 원 정도의 비용이 소요된다(나는 타 기관 근무 경험이 없기 때문에 순수하게 우리 기관을 기준으로 공개하는 금액이다). 이 금액은 순수한 제작비이다. 만약 유명 연예인을 출연시키고 싶다면, 금액은 두 배 이상 뛸 수 있다. 그런 많은 비용이 들어가는 광고제작사를 쉽게 선정할 수는 없다. 앞서 '용역 편'에서 말한 바와 같이 광고제작사 선정도 제안 PT를 통해서 결정된다. 일반용역과 똑같이 제안요청서를 작성하고 제안평가를 해서 선정하는 방법이다. 하지만 좀 효율적으로 광고를 제작하는 팁을 말해주겠다. 광고에는 IMC(Integrated Marketing Communication)라는 개념이 있다. '통합 마케팅 커뮤니케이션'이라고 하는데 IMC는 미디어별로 전략적 역할을 부여하고 상호 연계하는 홍보방법이다. 기관이 추진하는 다양한 매체광고의 연계성을 확보하고 각각의 광고가 함께 시너지 효과를 낼 수 있는 광고방법이다. 최근에 다양한 기업·기관들이 이런 방법으로 TV, 라디오, 유튜브, 옥외광고 등을 한꺼번에 엮어서 제작하는 방법이 많이 활용되고 있다.

IMC광고를 제작하기 위해서는 정부광고법에 따라서 광고 업무를 위탁대행하고 있는 한국언론진흥재단을 활용해야 한다. 단순히 송출 의뢰를 하는 것이 아니라 '종합광고대행'이라는 이름으로 광고기획, 제작, 송출, 결과보고까지 기관 광고업무 전체를 통으로 의뢰하는 방식이다. 「정부광고법」 제3조 제1항에는 "광고기획, 광고제작, PR, 온라인 및 SNS활동, 이벤트 및 프로모션 등을 함께 의뢰하는 '종합광고'일 경우 민간과의 협력을 할 수 있다"고 명시되어 있다.

민간의 광고대행사도 이러한 방식을 굉장히 선호한다. 왜냐하면 이러한 종합광고대행으로 광고를 추진하게 되면 광고대행사는 단순히 광고 제작 외에도 별도의 수입을 받을 수 있다. 한국언론진행재단은 정부광고법에 따라서 광고송출 비용의 10%를 수수료로 받고 있다. 하지만 종합광고제작으로 민간협력사, 즉 광고대행사를 활용하게 된다면 광고대행사가 한국언론진행재단이 가져가는 10%의 수수료 중 6%를 민간협력대금으로 다시 받을 수 있게 된다. 송출금액이 클수록 광고대행사의 수익이 늘어나는 구조이다. 돈을 더 많이 받게 되니 광고주 입장에서도 더 많은 것을 요구할 수 있고, 높은 퀄리티를 요청할 수도 있다. 또한 광고대행사 입장에서도 전체 광고를 설계하고 진행하는 데 자신들의 노하우를 아낌없이 발휘할 수 있다.

하지만 이런 좋은 종합광고제작대행은 금액 하한이 있다. 전체 금액이 10억 원 이상이 되어야만 이러한 방식의 IMC방식 광고 진행이 가능하다. 또한 현재 국내 광고시장의 90% 이상을 점유하고 있는 상위 5개 광고대행사인 제일기획, 대홍기획, SMC&C, 이노션, HS애드 등은 전체금액이 최소 30억 원이 되어야 입찰에 참가하는 업계의 암묵적 규칙이 있다. 전체 금액이 30억 원이 넘어갈 때는 법에 따라 대행사에서 가져갈 수 있는 민간협력대금이 송출비용의 6%에서 7%까지 높아지기 때문이다. 우리 공사는 2019년에서는 소형 광고기획사와 함께 광고를 제작했었고 2020년에는 5대 기획사 중 한 곳과 광고를 진행했었다. 광고제작에만 들어가는 비용은 별 차이가 없었지만, 확실히 대형기획사는 대형기획사 이름값을 했다. 광고를 만들어내는 아이디어, 콘티 제작부터 실제 촬영에 들어가는 장비의 수준, 영상편집의 퀄리티 등이 월등히 달라서 깜짝 놀랐던 적이 있다. 또한 다년간 수많은 광고를 제작한 노하우로 인해서 임원들이 참석하는 제작보고회에서 자신들의 의견을 어필하는 데도 탁월한 실력을 발휘했다. 만약 기관이 다양한 매체에 광고할 여력이 있다면 IMC를 통한 종합광고제작도 고려해볼 만하다.

★
콘티에서 결판내야 한다

개별적 제안평가나 한국언론진흥재단을 통해서 광고제작사가 선정되었다면, 광고제작을 위한 콘티 제작과 촬영, 편집 등의 과정을 진행해야 한다. 물론 광고기획사는 제안PT를 위해서 기관에서 나간 제안요청서를 기준으로 광고시안을 만들었겠지만, 실제 광고제작을 위해서 우리 기관의 색깔을 입히고 홍보담당자와 함께 실제 콘티를 만들어야 한다. 기관의 특징은 광고대행사보다 홍보담당자가 훨씬 잘 알기 때문에 광고대행사가 우리 기관에 대한 스터디를 충실히 할 수 있도록 자료를 제공하고, 광고제작사가 제안한 아이디어에 대한 1차 컨펌을 홍보담당자가 해야 한다. 1차로 아이디어를 구체화했다면, 이제는 콘티를 제작해야 한다. 콘티는 촬영을 위한 각 장면들을 스케치하는 과정이다. 윗분들의 보고를 위해서 각 장면에 특징과 유사한 레퍼런스 영상을 준비하는 것도 필요하다. 콘티는 그대로 영상으로 만들어질 것이기 때문에 콘티 단계에서 윗분들의 명확한 컨펌을 받을 필요가 있다. 콘티는 며칠이면 수정이 되지만, 만약 촬영이 끝난 후에 많은 수정이 생긴다면 재촬영 외에는 방법이 없다. 대형 광고제작사의 경우 고가의 촬영 장비를 대여하기 때문에 장비 대여비와 인력운영비가 어마어마하다. 그 비용은 고스란히 광고주에게 되돌아올 수 있다. 그렇게 때문에 콘티 단계에서 광고제작의 거의 대부분을 결정하는 것이 좋다. 윗분 보고에 최대한 자세하게 설명함으로써 차후 최종 보고회에서 수정 사항이 안 나오도록 해야 한다.

#7 큰 테블릿 판 위에서 토지를 측량해서 연구하는 모습 클로즈업　#8 토지를 측량하는 측량기사의 모습　#9 측량기사 앞으로 정확한 토지경계가 생긴다

그래서 토지거래 전 LX가 선 그으러 갑니다

광고 콘티(스케치)

★
송출

기관의 매체광고의 경우 제작비를 제외한 나머지 비용들은 거의 다 매체 송출비이다. 매체 송출은 일반적으로 생각하는 것보다 훨씬 많은 비용이 들어간다. 나 역시도 처음 이 업무를 맡고 고속도로에 있는 간판광고를 하는 데 한 달에 몇 천만 원이 소요된다는 사실에 적잖이 놀란 경험이 있다. 하지만 아무리 잘 만들어진 광고라도 송출은 꼭 필요하다. 물론 재미있고 흥미 있는 광고는 국민들이 스스로 찾아보지만 대부분은 기본적인 송출로 노출이 되어야만 국민들이 접할 수 있다.

비용적인 부분을 좀 더 말하자면 TV광고의 경우 일반적인 상업광고를 진행하게 되면 1개 방송사에 1개월에 2억 원 정도는 눈 깜짝할 사이에 없어진다. 단 15초 광고로 말이다. 언론에 항상 '을'일 수밖에 없는 공공기관은 1개의 방송사에 광고를 몰아 줄 수도 없다. 때문에 그 송출비용은 항상 ×5, ×10이 될 수밖에 없다. 다행히도 공공기관의 TV광고의 경우 공익캠페인이라는 명목으로 배정된 캠페인광고로 비용이 산정된다. 그렇다면 송출시간도 40초로 늘게 되고 비용도 좀 줄어들게 된다. 하지만 공익캠페인은 기관의 명칭이 맨 마지막에 2~3초 정도만 송출되고, 송출 가능한 횟수도 적을 뿐더러 시간대도 상업광고의 메인 시간대와는 차이가 있다. 때문에 홍보담당자의 송출계획은 조사가 필요하다. 2021년 LX한국국토정보공사의 광고는 공익캠페인이 아닌 상업광고 2구좌(30초)로 집행했다. 공익캠페인의 경우 황금시간대 배정이 어렵고, 기관의 로고도 마지막 2초만 노출이 가능하기 때문이었다. 2021년 LX한국국토정보공사 광고는 영상 중간에 사명을 노출시키고 황금 시간대에 송출해 나름대로의 성과를 보였다. 물론 송출횟수는 전년에 비해 많이 줄어들었다. 송출 부분은 담당자가 신중하게 고민해야한다. 방송사 별로 광고요청이 수시로 들어올 것이며, 옥외의 경우에도 많은 제안서들이 쏟아지기 때문이다.

공공기관 홍보담당자는 항상 객관적인 시각으로 송출을 짜야 한다. '돈'이 걸려 있는 일은 신중에 신중을 기하는 게 옳다. 송출에 대해서는 앞서 언급한 언론재단에 1차 컨설팅을 받는 것이 좋다. 광고의 목적, 대상, 시기, 금액 등이 명확하다면 언론재단의 전문가들이 기본적인 구성안을 만들어 준다. 물론 그대로 진행하라는 말은 아니다. 재단에서는 가장 기본적인 것들만 구성해 주기 때문에 각 매체사별로 담당자를 파악해서 협의할 필요가 있다. 예를 들어 상업광고의 경우 비용이 공익캠페인보다 비싸기는 하지만 '보너스'를 챙겨주는 사례가 많다. 가장 시청률 높은 방송 앞뒤로 광고를 하게 되면 조금 시청률이 떨어지는 프로그램에 무료로 추가 송출하는 방식이다. 물론 각 매체 담당자와 협의를 거쳐야 한다. 칼같이 정해진 대로 송출하는 공익캠페인과 달리 약간의 유연성이 있기 때문에 꼭 개별 접촉과 매체사별 제안서를 받는 것이 좋다. 지하철, 고속도로 지주간판 등은 각 매체별로 운영사가 다르다. 또 운영사가 딱 그것만 갖고 있는 것이 아니기 때문에 하나의 매체를 이용하게 되면 다른 것을 끼워주는 1+1 제안도 많이 한다. 특히 옥외광고는 최근 선호도가 떨어지는 광고매체중 하나이기 때문에 이런 협상이 매우 잘 통한다(사람들은 돌아다닐 때 옥외광고간판을 보기보다는 스마트폰을 본다). 각 매체사별로 제안서를 받고 비교해 보고 협상을 해라. 지난해 담당자보다 높은 효율의 광고를 추진할 수 있을 것이다.

광고를 송출을 구성할 때 주의해야 할 점이 있다. 바로 정확한 금액의 계산이다. 일반적으로 매체사들은 제안서를 쓸 때 부가세와 언론재단 수수료를 별도로 표기한다(언론재단은 기관의 광고를 집행하는 역할을 하고 정부광고법에 명시된 10%의 수수료를 가져간다. 무려 10%! 이 돈이 아깝지 않으려면 언론재단을 최대한 많이 활용해라). 때문에 부가세, 10% 재단 수수료 등을 고려해서 송출 예산을 잘 짜야 한다. 또 어떤 매체의 경우 면세인 경우가 있기 때문에 예산을 잘 쓰기 위해서는 면세 매체까지 잘 고려해야 한다. 한번은 전임자가 광고를 진행할 때, 면세 매체를 잘못 계산해서 예산이 부족했던 적이 있다. 연도 말이라 예산 집행도 다 끝난 상황이어서 굉장히 난감했던 경험이 있다. 송출계획을 잘 짰다면 다시 한번 금액 정리를 확인할 필요가 있다.

광고를 잘 만들어 많은 매체사들에 송출하는 것은 중요하다. 국민의 관심과 지지가 없으면 그 존재의 이유가 없는 공공부문의 경우 특히 중요하다. 공공기관들은 사기업처럼 물건을 팔지 않는다. 정책과 기관 이미지를 홍보해야 한다. 때문에 상품판매처럼 단기간에 그 효과가 나타나기 어렵고 광고 제작의 범위에도 한계가 있다 (가장 큰 산은 임원 컨펌이다). 하지만 시대가 바뀌는 시점에서 공공기관은 적은 예산으로 국민 눈높이에 맞는 좋은 콘텐츠로 광고를 제작한다면 분명히 높은 광고효과를 볼 수 있을 것이다. 어떤 매체에 송출하느냐가 아니라 어떤 메시지로 어떤 광고를 제작할 것인가를 더 고민해야 할 시점이다. 매체광고를 시작하려 한다면 정확히 내부 환경을 분석한 후 우리 기관에 어떤 것이 필요하고 그것을 국민들에게 어떤 메시지로 전달할지 고민하는 것부터 시작해야 한다.

★
3

글 잘 쓰고
싶어요

★
무슨 일이 있어도 개의치 말고 매일 쓰도록 하라

- 어니스트 헤밍웨이(Ernest Hemingway) -

홍보업무를 맡다 보니 자연스럽게 요구되는 능력이 있다. 바로 '글
쓰기'이다. 같은 내용이라도 논리적인 글을 쓸 수 있다면 전문가로
평가받을 수 있으며 또한 감성적인 글을 쓸 수 있다면 나에 대한
호감도를 높일 수 있다. 『홍보전략가』라는 책을 쓴 이상헌 작가는
"좋은 글은 사람들의 마음을 움직이거나 미래를 변화시킬 수 있는
엄청난 힘이 있다. 글을 잘 쓴다는 것은 유리한 위치에 서 있는 것

과 같다."라고 말했다. 글쓰기의 장점을 다룬 책들은 엄청나게 많다. 하지만 꼭 이러한 장점 때문이 아니라도 우리는 홍보주니어이기 때문에 좋든 싫든 글을 써야만 한다. 나는 글쓰기가 전혀 필요 없는 사람이었다. LX한국국토정보공사의 주 업무인 지적측량기술자로 근무하던 때에는 전혀 필요 없던 능력이 바로 글쓰기였다(그때는 그렇게 생각했다). 지적측량업무는 측량 잘하고 도면만 잘 만들면 됐다. 도면은 대부분 선과 숫자로 표현되었기에 글쓰기를 할 일이 거의 없었다.

하지만 본사 발령과 함께 홍보업무를 시작하며, 글쓰기는 선택이 아닌 필수능력으로 자리 잡았다. 타부서 사람들은 시도 때도 없이 작명, 작문을 요청해 왔다. CEO 인사말, 내부 게시판 게시글, 보도자료, 칼럼, 기고, 특집기사, 프로젝트 제목 등등 홍보담당자가 해야 하는 글쓰기의 양은 어마어마했다. 하지만 나는 소설가나 시인, 수필가처럼 예술적 글쓰기 감각이 전혀 없었다. 살아남기 위해 나만의 방법을 찾아야만 했다. 과거 선배들이 작성했던 글을 한 달동안 읽고 또 읽으며 유형별 글 구조를 분석했다. 그 결과 너무나 다행스럽게도 홍보 글쓰기는 예술적 글쓰기와는 다르게 일정한 형식이 있다는 것을 알게 되었고 나만의 방식으로 각 유형별 글쓰기 폼을 만들기 시작했다.

일명 '손명훈 템플릿'.

나는 이것을 후임자에게 그대로 물려주기로 결심했다. 그리고 이책을 구입해 읽고 계시는 홍보주니어분들을 위해서도 나만의 템플릿을 공개하려 한다. 아울러 아직 많이 부족하지만 글쓰기를 할 때 꼭 지켜야 하는 원칙 몇 가지도 함께 적는다.

★
글쓰기 원칙 1 - "제발 쉽게 써라"

공공기관 대부분은 기관만의 전문분야가 있다. 내가 근무하는 LX 한국국토정보공사도 '지적측량', '공간정보', '지적재조사' 등 전문분야가 있다. 하지만 여러분들은 이 세 가지 단어 중에 제대로 설명할 수 있는 단어가 있는가? 물론 나야 이것으로 밥 벌어 먹고 있는 사람이라 너무나 익숙하고 기본적인 단어지만 일반 국민들 입장에서 본다면 완전히 다른 이야기이다. 때문에 공공기관 홍보맨들은 홍보 글쓰기를 할 때 이것을 명심해야 한다.

'내가 쉽게 읽는다고 해서 절대로 다른 사람에게도 쉽게 읽히지는 않는다.'

쉽게 읽히지 않는 글은 아무 짝에도 쓸모없는 글이다. 제발 쉽게 써라. 본인이 전문용어가 아니라고 생각하는 용어도 더 쉽게 더 간단하게 다시 한번 살펴보는 노력이 필요하다. 기관의 CEO들은 그 분야에 오래 근무하던 사람이 아니다. 2~4년 동안만 그 자리에 계시는 분들이다. 여러분보다 많이 알 것이라는 편견을 버려야 한다.

그래서 더 쉽고 더 읽기 편한 글을 써야 한다. 제발 전문용어는 쓰지 마라. 쉬운 글이 좋은 글이다.

★
글쓰기 원칙 2 "제발 짧게 써라"

'미국이 9·11테러 이후 알카에다와 그 수장인 오사마를 원수로 규정하고 이번에 오사마를 사살함으로써 10년 만에 복수를 이뤘지만, 알카에다는 여전히 건재하고 기존에 있던 테러조직에 더해 새로운 조직까지 생겨나는 판국이므로 미국은 오랜 복수를 마쳤다는 흥분을 가라앉히고 그에 대비해야 한다.'

어떤가? 숨이 막히지 않는가? 놀랍게도 위에 글은 단 하나의 문장이다. 한 문단이 아니라 한 문장! 우리는 멋진 글, 있어 보이는 글을 쓰기 위해 많은 수식어와 삽입구를 글에 쓰는 오류를 범한다. 이렇게 긴 문장이 되면 주어와 서술어는 서로 호응하지 못해 따로 놀고 문장은 엿가락처럼 길어지기만 하고 내용 파악은 어려워진다. 글을 쉽게 쓰고 잘 읽히게 쓰기 위해서는 최대한 문장을 끊어야 한다. 끊을 수 있을 만큼 끊어야 한다. 어렵고 긴 문장이라도 끊으면 전달력과 가독성이 높아진다. 문장을 쓸 때는 장문이나 복문은 단문으로 바꾸고 접속사는 최대한 빼도록 하자.

이런 방법들을 적용해서 위 문장을 다시 써보겠다.

'미국이 9·11테러 이후 알카에다와 그 수장인 오사마를 원수로 규정했다. 미국은 얼마 전 오사마를 사살함으로써 10년 만에 복수를 이뤘지만 알카에다는 여전히 건재하다. 오히려 기존에 있던 테러 조직에 더해 새로운 조직까지 생겨나고 있다. 미국은 오랜 복수를 마쳤다는 흥분을 가라앉히고 그에 대비해야 한다.'

장문을 단문으로 끊어내는 것만으로도 정확한 메시지가 전달되는 것을 확인할 수 있을 것이다. 결국 글쓰기의 주목적인 '읽힐' 확률이 높아지는 것이다. 명심해라. 제발 짧게 쓰자. 문장을 끊고 단문으로 가자.

★
글쓰기 원칙 3 "제발 다 쓰면 읽어봐라"

내가 글을 쓰고 다시 읽어본다는 건 누군가에게는 부끄러운 일일 수 있다. 나 역시도 내가 쓴 문서나 보도자료를 소리 내어 읽어보는 것이 처음에는 어색하고 부끄러웠다. 하지만 우리는 수십 년간 국어를 사용해온 사람들이다. 정확한 문법이나 어법을 공부하지 않더라도 몸으로, 눈으로, 입으로 그 언어를 쓰면서 자연스럽게 몸으로 문법과 어법이 익혀져 있다. 그렇기에 문장을 소리 내어 읽어볼 때 뭔가 잘 안 읽히는 부분이 생긴다면 그것은 어법이나 문법에 문제가 있는 것이다. 계속 고쳐쓰고 계속 읽어보면서 다듬는다면, 한 번에 잘 읽히는 글이 만들어진다. 노벨문학상을 수상한 어니스트 헤밍웨이도 "모든 초고는 쓰레기다"라고 말했다. 어떤 글이든 처음부터 완벽하게 쓸 수는 없다. 그건 천재든 범인이든 마찬가지다. 하지만 완벽한 글은 누가 얼마나 많이 고치느냐에 달려 있다. 그리고 고치는 방법 중에 NO.1은 '계속 읽어 보는 것'이라고 장담한다. 읽다 보면 더 좋은 표현 더 좋은 단어들이 생각난다. 그리고 그런 과정을 거쳐 당신의 글은 더 매끄럽고 좋은 글이 될 수 있다. 제발 다 쓰면 소리 내어 읽어보자.

다음은 여러분의 홍보글쓰기에 귀중한 자료가 될 수 있는 '손명훈 템플릿'을 공유하겠다. 부디 이 자료를 자신만의 스타일로 다듬고 가꿔서 후임자에게 물려주는 멋진 선배가 되길 바란다.

★
기관소개 글 쓰기

기관소개 글은 기관의 장점과 비전을 짧은 글로 요약해야 한다. 긴 글을 써봤자 우리 기관 홈페이지까지 와서 기관소개 글을 끝까지 읽는 국민은 그리 많지 않다. 문장을 시작하기에 앞서 제목, 슬로건과 같은 형태의 대표 문장을 강조해서 적는 것이 필요하다. 그리고 모든 문단은 한 문장으로 끝내서 읽기 쉽게 하는 게 필요하다.

'한국판 뉴딜' 완성을 위해 SOC 디지털화에 주력하겠습니다.

한국국토정보공사 홈페이지를 방문해 주신 것을 환영합니다.

한국국토정보공사는 지적사업과 공간정보사업을 수행해 국민의 삶의 질을 높이는 국토정보 서비스를 제공해 왔습니다.

올해는 국토정보 분야의 '한국판 뉴딜' 완성을 위한 SOC 디지털화 사업에 박차를 가하고 있습니다.

전주시 디지털트윈 표준모델을 전국에 확산하고, 도로·철도·지하 분야의 품질관리로 안전한 국토관리에 힘쓰며, 지적재조사 효율적 추진에 최선을 다하겠습니다.

국토정보의 혁신성장을 선도하고, 국민 안전 국토정보 서비스를 제공하며, 사회적가치를 실현하는 데 앞장서겠습니다.

감사합니다.

한국국토정보공사 사장

LX한국국토정보공사 기관 소개 글

우선 첫 문단에서는 기관의 역사나 핵심가치 등을 알린다. 두 번째부터 네 번째 문단은 기관의 강점을 3가지 정도 언급한다. 다섯 번째 문단은 앞으로의 비전과 국민에 대한 약속을 적고 마지막으로 감사의 인사를 전하면 글이 완성된다. 아주 쉽다. 제목, 역사, 가치, 강점 3개, 비전, 감사. 끝. 다만 기관 소개 글은 긍정적이고 희망적인 메시지를 던져야 하며 숫자 등을 활용해 구체적인 사실을 제공할 필요가 있다.

★
축사 쓰기

외부 기관의 행사나 기념식에 우리 기관의 임원이 참석할 경우 축사를 준비해야 한다. 행사를 주최하는 기관에서 축사의 기본 골격을 작성해서 주는 경우도 있지만, 기본적으로 자신의 기관을 대표해서 참석하는 임원의 축사는 그 기관 홍보담당자가 작성한다. 축사는 감사, 축하메시지, 행사나 기념식에 대한 의미부여, 마무리 순으로 진행된다. 서두에서는 축하 및 충분한 감사의 표현이 담겨야 하며, 축하와 감사는 구체적 사실과 근거가 들어가야 설득력이 있다. 다음으로는 해당 기관과의 관계성 등을 말해 행사에 대한 의미를 부여하고 미래의 지속 가능성 등으로 마무리 감사표현을 하는 게 좋다. 첫 번째 문단에서는 행사 초청에 대한 감사의 인사를 전하고 구체적인 사실을 토대로 행사의 의미를 부여한다. 두 번째 문단에서는 초청기관과의 관계성을 언급해 행사가 우리 기관에도 의미가 있다고 강조한다. 세 번째 문단에서는 이번 행사를 통해 앞으로 발전한 기관과 사업에 대한 기대감을 표시하고 다시 한번 축하인사로 축사를 마무리 한다.

★
취임사 쓰기

취임사는 홍보담당자로서 가장 신경이 많이 쓰이는 부분이다. 내부 직원들과의 첫 만남 자리인 만큼 CEO의 취임사는 그만큼 중요하다. 취임사에는 핵심 메시지가 가장 중요하다. 사전에 CEO면담이나 자료를 확보해 CEO가 전달하고자 하는 핵심 메시지를 3가지 정도 담는 것이 좋다. 서두나 마무리에서는 CEO의 성향을 담은 PI가 들어가야 한다. 특히 마무리에서는 임직원들과 함께하겠다는 의지와 조직에 대한 미래 청사진을 제시하는 것이 좋다.

첫 번째 문단에서는 기관에 취임하게 된 소감과 감사의 인사를 말하고 두 번째 문단에서는 CEO 자신의 이력이나 성과를 간단하게 언급한다. 세 번째 문단에서는 기관의 강점 등을 토대로 조직의 의미를 부여하고, 네 번째 문단에서는 조직을 발전시키기 위한 CEO

비전과 목표를 말한다. 다섯 번째 문단에서는 비전을 실행하기 위한 구체적 실행방안을 3가지 정도 언급하고 여섯 번째 문단에서는 목표 달성을 위한 직원들의 노력과 격려를 담는다. 일곱 번째는 목표달성을 통해 나타날 조직의 미래 청사진을 제시하고 마지막으로 다시 한번 감사의 인사를 전하면 된다.

★ 신년사 쓰기

신년사에서는 현재 조직의 상황을 정확히 진단하고 신년의 경영방침을 전달해야 한다. 신년사라고 해서 무조건 희망적인 메시지만을 전달해서는 안 된다. 어느 조직이든 위기요소는 항상 있다. CEO로서 희망적인 청사진만 얘기한다면 조직원들의 마음 자세가 흐트러질 수 있다. 잘된 것은 확실하게 칭찬하고 잘못된 것과 고쳐가야 할 점들은 분명하게 제시해야 한다. 신년사는 기관의 1년짜리 계획을 담아내는 글이다. 이 글은 내부직원들 뿐 아니라 언론 등 외부에도 기관의 1년 동안 계획을 알리는 신호탄이 될 수 있다. 때문에 우리가 처한 문제점들을 헤쳐 나가기 위해서 우리 조직원들이 해야 하는 일과 집중해야 하는 분야를 명확하게 나타내야한 다. 홍보담당자는 CEO의 입장이 되어 조직을 정확히 진단하고 CEO의 경영방침을 실행하기 위한 독려와 당부의 말을 충분히 담 아야 한다.

처음은 새해인사와 함께 좋은 덕담과 메시지를 전달하는 게 좋다. 그리고 두 번째 문단에서는 CEO가 취임 이후 추진하고 있는 경영 방침을 알린다. 세 번째 문단에서는 조직원들이 이뤄낸 지난해 성 과들을 구체적으로 언급해 칭찬한다. 이 다음부터가 진짜 신년사 의 핵심이라고 볼수 있다. 네 번째 문단에서는 대내외적 상황과 문 제점을 말하고 올해 우리 조직이 해야 할 일들을 구체적으로 언급 한다. 다섯 번째는 그것을 추진하기 위해서 조직원들의 노력과 결 속이 필요하다는 메시지를 전달한다. 마지막으로는 할 수 있다는 긍정적인 멘트로 마무리를 하면 신년사가 완성된다.

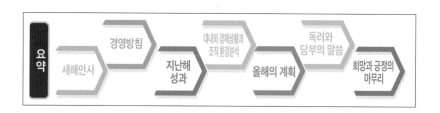

앞서 말한 글쓰기 템플릿들은 홍보업무를 하면서 가장 많이 써야 했고 어느 기관이든 써야 하는 내용들로 작성했다. 물론 모든 글쓰 기에 일률적으로 적용할 수는 없을 테지만 글의 뼈대를 짜는 데에 는 많은 도움이 될 것이라고 생각한다. 그래도 글쓰기가 막막하다면, 청와대 홈페이지에 있는 대통령 연설문을 참고하면 많은 도움이 될 것이다. 대통령 연설문은 우리나라에서 가장 글을 잘 쓰는 사람들이 쓴 글이라 우리가 당장 그만한 수준의 글을 쓸 수는 없다. 하지만 좋은 글을 많이 읽고, 자주 써본 사람만이 더 나은 글을 쓸 수 있다. 더 좋은 것은 대통령 연설문은 무려 공짜다. 우리나라에서 가장 글 잘 쓰는 사람들이 쓴 글을 공짜로 볼 수 있으니 이보다 좋은 자료가 어디 있겠는가. 고맙게도 대통령 연설문은 글의 성격에 따라 구분까지 되어 있어서 찾아보기도 쉽다. 글쓰기가 막힌다면 꼭 청와대 홈페이지에 들러보길 권한다. 글은 쓰면 쓸수록 는다. 나도 처음에는 '내가 글을 쓸 수 있을까?'라고 생각했다. 하지만 한 달 두 달 자판을 두드리다 보니 어느새 책을 쓰고 있고, 어느새 언론사에 칼럼을 게재하고 있다. 우리 기관에서 언론사에 정기적으로 칼럼을 게재하는 사람은 나 혼자다. 처음 언론사에 칼럼을 게재한 때가 38세부터다. 이 나이에 기관을 홍보하는 칼럼을 쓰는 것도 처음이었고, 더욱이 한 달에 한 번씩 정기적으로 게재되는 것도 처음이었다. 10년 넘게 측량만 했던 나는 이제 책을 쓰고 있다. 홍보주니어들이여, 두려워하지 말고 자주 키보드를 두드려라. 두드리다 보면 점점 나아지는 자신의 글을 만날 수 있을 것이다. 홍보 글쓰기는 예술이 아니다. 연습과 경험으로 충분히 발전할 수 있다. 자신감을 가져라.

★
4

우리도 유튜브를
해야 하나?

공공부분의 온라인 홍보는 대부분 공급자 중심이고, 형식을 중요
시한다. 공공이라는 품위 유지 때문일까? 공공 온라인 홍보물에서
크리에이티브 넘치고, 재미있는 온라인 홍보물을 찾아보기는 하늘
의 별따기다. 그렇기 때문에 간혹 나오는 사람들이 바라는 재미있
는 콘텐츠들이 더욱 주목받는다. 한국관광공사의 'Feel The
Rhythm of Korea'는 공전의 히트를 치며, 홍보담당자 특진론까지
나왔으며, B급 감성 포스터로 유명해진 충주시는 유튜브 채널까지
개설하며 공공부문 홍보를 선도하고 있다. 하지만 이런 아이템들
은 홍보담당자만 잘한다고 해서 나오지 않는다. 아무리 좋은 아이
디어와 재미있는 소재로 기획을 한다고 해도 공공부문의 수많은
결재라인을 타다 보면 결국 무난하고, 얌전한 아이템으로 탈바꿈

된다. 최근에 입사한 MZ세대들의 아이디어와 기성세대의 생각의 갭은 여러분이 상상하는 것보다 훨씬 크다. 특히 권위적이고 딱딱한 공공부문에서 기성세대들과 새로운 세대와의 차이는 더욱 그렇다. 때문에 위의 두 사례에서 홍보담당자보다 그것을 컨펌해준 윗선의 탁월한 의사결정에 아낌없는 찬사를 보내고 싶다. 그렇다면 이런 어려운 아이디어 실현 프로세스 속에서 홍보업무를 해야 하는 우리 홍보주니어들은 무엇을 해야 할까? 그리고 무엇을 조심해야 할까?

2021년에 우리 공사에서 유튜브 콘텐츠로 큰 히트를 쳤지만, 동시에 낭패를 본 적이 있다. 우리 공사가 추진하는 대표적인 사업 중 하나인 '지적재조사사업'을 홍보하기 위해서 '낄낄상회'라는 유명한 유튜브 채널과 협업한 사례이다. 지적재조사사업은 1910년에 일제강점기에 완성된 지적도들 때문에 지적도와 현실경계와 맞지 않는 지역들이 가지고 있는 문제점을 해결하기 위한 국가정책이다. 2012년부터 2030년간 약 30조 원이 투입되는 국가사업인데, 아직 국민들의 이해도가 높지 않아서 추진 속도가 나지 않는 상황이었다. LX한국국토정보공사는 지적재조사 사업 전담기관이기에 지적재조사 자체를 알리기 위해서 다양한 홍보를 하고 있었고 그중 하나가 바로 '낄낄상회 컬래버레이션'이었다.

낄낄상회는 135만 명의 구독자를 보유하고 있는 유튜브 채널이다. 개그맨들이 스님과 목사님 역할을 맡아서 몰카 형식의 재미있는 콘텐츠를 만드는 채널인데, 최대 조회 수가 천만 회를 넘길 정도로 인기 있는 채널이다. 우리도 스님과 목사님 캐릭터를 그대로 갖고 와서 지적재조사 사업을 콘텐츠를 만들었고, 결과는 초대박이었다. 기존에 공사의 협찬으로 이루어진 브랜디드 콘텐츠의 경우 10만 회를 넘긴 적이 없었는데, 낄낄상회와의 협업 콘텐츠는 공개 2일 만에 50만 조회수라는 광클(미친(狂) 듯이 마우스 버튼을 빠르게 클릭하는 것)을 만들어냈다. 콘텐츠 자체도 굉장히 잘 만들어져, 담당자의 어깨가 으쓱했던 기억이 있다. 하지만 기쁨도 잠시, 그 콘텐츠를 본 불교계에서 공식적으로 항의를 해왔다. 스님을 '희화화'했다는 이유였다. 기존에 계속해 오던 콘텐츠 형식이었지만, 공공기관을 홍보하는 것이기 때문에 문제가 되었다. 공식적인 항의가 들어와 그 영상을 게시 3일만에 내렸고 우리는 사과문을 발송하고, 직접 찾아가서 사과까지 해야만 했다. 밤 10시에 접수된 항의문 덕분에 그날 밤부터 다음날 아침까지 기관에 초비상이 걸렸었던 기억이 있다.

유튜브를 활용한 홍보는 이미 대세이다. 모든 기관과 기업이 사활을 걸고 달려들고 있다. 유튜브에서 흥한 콘텐츠는 방송, 언론까지 진출하고 각종 SNS를 통해 전파되기 때문에 비용대비 그 효과성은 엄청나다고 할 수 있다. 하지만 우리는 공공기관이다. 우리만의 홍보전략과 노하우가 필요하다. 그리고 재미와 품격 사이의 아슬아슬한 선을 잘 타야 한다.

어떤 걸 만들어야 할까?

공공 유튜브 홍보 아이템을 기획할 때 가장 중요한 점은 역시도 여러 번 말한 바와 같이 'WHY', 즉 '당위성'이다. 윗분들은 '왜 이것을 해야 하는가'를 가장 중요하게 생각한다. 때문에 담당자들은 내가 기획한 아이템들이 왜 꼭 필요한지를 설득해야 한다. 그때 가장 좋은 것이 레퍼런스다. 창작을 논할 때 대표적인 말이 있다. '새로운 것은 없다. 단지 내가 몰랐을 뿐이다.' 잘된 사례를 충분히 찾아서 '이런 것이 있습니다. 우리가 도입하면 이런 저런 효과들이 있을 것 같습니다.'라고 자신의 아이템을 설득해야 한다. 내가 근무하는 LX한국국토정보공사는 유튜브를 2017년에야 개설할 수 있었다. 개설 1년 동안은 구독자 1,000명이 안 되는 '하꼬 유튜브'(보잘 것없고 허름한) 채널이었다. 그 1년 동안 올린 영상들은 공사 홍보영상, 사업소개영상 등 공사 입장에서 알리고 싶은 내용들 중심이었다. 우리 공사 임직원이 5,000명인 것을 고려했을 때, 얼마나 재미없는 채널인지 알 만할 것이다. 물론 1년간 구독자가 늘었을 리만무하다. 뭔가 달라져야 했다. 담당자와 함께 고민한 끝에 '브이로그(Vlog)'라는 것을 도입하자는 의견이 나왔다. 취업난이 심각한 요즘 세대들에게 공공기관 신입사원들의 일상을 알려주면 반응이 있을 것 같았다. 기획안을 만들 때 다른 공공기관의 사례와 그 당시 트렌드였던 브이로그 정보를 모아서 레퍼런스를 만들었다. 브이로그 콘텐츠는 같은 채널에서도 월등히 높은 조회 수를 보였기 때문이다. 윗분들은 다행히도 설득되었고 몇 회에 걸쳐 공사 신입사원 인터뷰, Vlog 등 콘텐츠를 제작했고, 조회 수는 우리 공사 채널의 평균 조회 수의 10배가 넘었다. 좋은 아이템은 트렌드와 본인의 조직과의 연결고리를 찾는 데서 시작해야 하며, 좋은 기획이 있다면 관련 레퍼런스를 충분히 모아서 윗분을 설득하려는 노력이 필요하다.

LX한국국토정보공사 유튜브 채널 신입사원 브이로그

★
구독자 확보의 지름길은 내 식구 챙기기

유튜브 운영의 핵심은 구독자 수 확보이다. 아무리 좋은 콘텐츠를 제작하고 올려도 구독자 수가 형편없다면 홍보효과는 '0'이라고 봐야 한다. 또한 구독자 수 1만 명 이하의 채널은 구독자 증가가 훨씬 어렵기 때문에 채널 개설을 했다면 단기간에 1만 명 구독자 확보를 목표로 전략을 짜야 한다. 가장 좋은 것은 조직력을 활용하는 것이다. 공공부문의 대부분은 어느 정도 규모의 인원들이 속해 있다.

내가 근무하던 LX한국국토정보공사는 전국 임직원이 5,000여 명 정도 된다. 직원들의 가족들까지 포함한다면 약 15,000명 정도의 내부 고객이 있는 것이다. 물론 내부 고객들에게 조직의 유튜브 채널을 구독하게 만드는 일은 쉽지 않다. 하루 종일 일하는 곳인데 일과 시간 이후까지 내 시간을 내 조직의 유튜브를 시청하는 데 뺏기고 싶은 직원은 아마도 없을 것이다. 하지만 콘텐츠가 내부직원들이 궁금해 하거나, 필요한 사항이라면 이야기가 달라진다. 내 주변이야기, 내 업무에 도움이 되는 이야기, 내 근무지에 관한 이야기라면 충분히 관심을 갖고 볼 것이다. 때문에 초반 콘텐츠는 내부 고객을 중심을 제작하는 전략이 필요하다. 또한 내부직원들만을 위한 이벤트를 개최해서 초반 구독자 수를 확보할 필요가 있다. 공공홍보에서 중요한 부분은 내부의 우군을 만드는 것이다.

★
우리 채널만의 콘텐츠

넷플릭스가 다양한 OTT 서비스 중에서 최강자로 자리매김하는 데는 넷플릭스만의 오리지널 콘텐츠가 가장 큰 역할을 했다. 〈오징어게임〉, 〈킹덤〉, 〈지옥〉 등 우리나라에서 제작되는 넷플릭스 오리지널 콘텐츠들은 전 세계적으로 큰 인기를 얻으며, 넷플릭스 구독자 수 증가에 혁혁한 공을 세우고 있다. 만약 넷플릭스가 이미 상영된 영화, 다른 OTT 서비스에서도 볼 수 있는 콘텐츠로 운영되었다면, 지금의 넷플릭스는 없었을 것이다. 사람들은 넷플릭스만의 서비스와 콘텐츠를 보이기 위해 월 구독료를 선뜻 낸다. 그리고 그러한 구독료를 바탕으로 넷플릭스는 새로운 오리지널 콘텐츠로 다시 만들어내고 있다. 콘텐츠 산업계의 아름다운 선순환이다. 유튜브에서도 이러한 오리지널 콘텐츠의 중요성은 점점 강해지고 있다. 구독자 220만 명 진용진 채널의 <머니게임>, 구독자 306만 명 피지컬갤러리의 <가짜사나이> 등은 그 채널만의 대형 오리지널 콘텐츠로 사회적으로까지 큰 이슈가 되고 있다. 그리고 그 이슈는 고스란히 채널 흥행으로 이어진다. 공공의 유튜브 채널도 자신들만의 오리지널 콘텐츠를 만들어 낼 수 있는 충분한 역량이 있다. 피지컬갤러리는 UDT 출신인 운영자의 특징을 살려서 일반인이 특수훈련을 받는 과정을 <가짜사나이>라는 콘텐츠로 녹여 냈다. 공공역시도 우리만의 특수한 분야가 있다. LX한국국토정보공사도 '지적측량', '공간정보'라는 분야를 국내에서 누구보다 잘 알고 있는 기관이다. 때문에 이런 분야에서 만들어내는 유튜브 콘텐츠의 전문성은 국내 제일이다. 사람들은 그런 분야의 정보를 얻거나 그런 분야를 궁금해 할 때 LX한국국토정보공사 유튜브 채널을 찾을 것이다. 유행에 탑승하는 콘텐츠만 만들어 내거나, 1회성 흥미 위주의 콘텐츠만 만들어내는 채널은 단기간에 사람들을 '훅'하게 만들 수는 있지만 장기적으로 그 채널의 경쟁력을 만들 수는 없다. 공공이라면 구독자들이 재미있게 볼 수 있는 재미 중심의 콘텐츠와 기관의 정체성을 담은 전문 콘텐츠를 적절하게 융합해서 운영하는 것이 필요하다. 물론 전문 콘텐츠라고 해서 너무 전문적이기만 하다면 사람들의 클릭을 유도할 수 없다. 전문적인 내용이지만 쉽고 재미있게 만들어야 하는 것은 유튜브 콘텐츠의 기본 중 기본이다. 우리 홍보주니어들은 유튜브 채널의 특징을 잘 살리되 재미에만 매몰되는 콘텐츠가 아닌 우리 기관만이 할 수 있는 콘텐츠를 만들어서 채널 경쟁력을 살리도록 해 보자.

★ 믿고 보는 유튜브 채널 만들기

요즘 유튜브는 방송화되어 가고 있다. 유튜브 채널들도 편성표를 만들고 약속된 시간에 정확히 영상을 업로드하며 구독자들과의 신뢰를 쌓아간다. 구독자들은 좋은 콘텐츠가 있으면 업로드 시간을 기다린다. 때문에 좋은 채널의 좋은 콘텐츠는 업로드 되자마자 조회 수가 쭉 올라간다. 만약 채널 운영자가 원하는 시간에 아무 때나 영상을 업로드하거나, 몇 달간 영상이 없다가 한 번에 수십 개의 영상이 올라온다면 그 채널을 구독하는 사람들의 관심은 점점 꺼져갈 것이다. LX한국국토정보공사 유튜브 채널도 그런 문제점이 있었다. 2020년의 유튜브 콘텐츠를 종합제작으로 전문대행사가 맡은 적이 있었는데, 대행사가 시간에 쫓겨 콘텐츠를 연말에 왕창 몰아서 올린 적이 있다. 그전까지는 한 달에 2~3개 올라온 콘텐츠가 12월에는 20개씩 올라갔다. 이렇게 된다면 구독자들은 신뢰를 잃을 수밖에 없다. 유튜브 채널 운영의 가장 큰 핵심은 수요자 중심이라는 점이다. 구독자가 없으면 유튜브 채널도 없다. 편성시간을 만들고 지키는 것은 구독자들과의 최소한의 약속이다. 유튜브 채널을 운영할 때는 단기간의 성과를 보지 말고 계속 쌓여가는 영상들의 히스토리를 관리하며 구독자들과 신뢰를 쌓아가는 노력이 필요하다. 신규 콘텐츠가 공개될 때는 매주 무슨 요일, 몇 시에 앞으로 몇 편을 시리즈로 올리겠다는 공지를 하는 게 좋다. 또 연초, 월초에는 한 달의 편성표를 공개해서 구독자들이 보고 싶은 콘텐츠가 언제 업로드되는지 예상할 수 있게 하는 것이 필요하다. 유튜브 채널이 생명력을 유지하기 위해서는 최소한 일주일에 2개 이상의 콘텐츠를 업로드해야 한다. 영상이라는 것이 촬영보다는 편집에 많은 시간이 들기 때문에 일주일에 2편을 업로드하는 것이 쉬운 것은 아니다. 하지만 그렇게 약속을 지키고 우리만의 콘텐츠를 꾸준히 늘려간다면 구독자들에게 믿고 보는 채널이 될 수 있다. 명심하자! 업로드 시간은 구독자들과의 약속이다.

앞서 유튜브는 수요자 중심의 채널이 돼야 한다고 말했다. 수요자들에게 가장 좋은 것은 양질의 재미있는 콘텐츠를 제공하는 것이겠지만, 충성 고객을 만들기 위해서는 약간의 당근도 필요하다. 또 이 당근으로 인해 단기 구독자 유입까지 기대해 볼 수 있다. 당근의 대표격인 것이 바로 구독자 이벤트이다. 요즘 세대들에게 인기가 높은 아이팟, 아이패드 등 고가의 상품을 보상으로 내세운 이벤트를 정기적으로 개최한다면 단기 구독자 확보에 많은 도움이 된다. LX한국국토정보공사의 유튜브 채널은 애플워치를 경품으로 내걸고 댓글 이벤트를 진행해 2주 만에 구독자 1,000명을 확보했다.

한 번 구독으로 조건으로 한 이벤트는 이벤트가 끝나더라도 이탈률이 적다. 사람들은 우리 채널에 들어와서 구독취소를 누르는 것조차도 귀찮아한다. 1회성이 아닌 정기적인 이벤트는 초기 구독자를 확보하고 채널을 알리는 데 많은 도움이 된다. 또한 예산도 생각보다 많이 들지 않는다. 얼마나 좋은가! 이벤트를 자주 하자. 누이도 좋고 매부도 좋은 일이다.

★
내용은 S급 감성은 B급

공공부문의 유튜브 채널은 일반 유튜버들이 운영하는 채널과의 경쟁에서 게임이 될 수는 없다. 경쟁 상대를 유명 유튜버로 잡으면 그 채널은 이미 망했다고 봐야 한다. 경쟁 상대는 다른 공공채널로 잡되, 콘텐츠 트렌드는 유명 유튜버들로 잡아야 한다. 하지만 명심해야 할 것이 있다. 트렌드와 맞아떨어지는 재미있는 콘텐츠를 만들었다고 해도 비슷한 콘텐츠라면 우리 채널에 들어와서 볼 이유가 없다. 유명 유튜버의 채널이 훨씬 재미있고 익숙하기 때문이다. 그렇기 때문에 공공부문의 콘텐츠 방향을 '재미'로만 추구하는 것은 매우 위험한 짓이다. 앞서 말한 낄낄상회 사건처럼 재미만 추구하다가는 공공기관의 특수성 때문에 봉변을 당할 확률도 있다. 사람들이 공공에 바라는 콘텐츠는 따로 있다. 생활하면서, 또는 업무를 하면서 공공에서 얻어야 하는 정보들이 꼭 있기 때문이다.

지적측량을 담당하는 LX한국국토정보공사에서는 '측량'이 핵심 콘텐츠가 되어야 하며, 국민연금공단은 '연금'이 핵심 콘텐츠가 되어야 한다. 물론 이 콘텐츠만 계속 올린다면 그 채널을 정기 구독하는 사람은 없을 것이다. 사업과 연관되는 핵심 콘텐츠와 구독자들에게 즐거움을 줄 수 있는 서브 콘텐츠를 적절히 융합해 운영해야 한다. 하지만 서브 콘텐츠라 해도 해당 기관과 전혀 상관없는 콘텐츠를 만든다면 당위성이 떨어지기 때문에 모든 콘텐츠를 기관과 연계시키되 좀 더 쉽고 재미있게 구독자들이 흥미를 가질 수 있도록 만드는 것이 포인트다. 내용은 S급으로 만들되 형식과 감성은 B급으로 제작하자. 전쟁 같은 유튜브 시장에서 공공이 살아남은 전략이 될 수 있다.

유튜브가 대중화되고 방송 매체 못지않은 영향력을 갖게 되면서 많은 공공기관이 기관과 사업홍보를 위해 유튜브 시장에 뛰어들고 있다. 하지만 영상 제작은 많은 예산과 노력, 시간이 소요되는 일이다. 수많은 예산을 투입해 유튜브를 열심히 운영한다 하더라도 조회 수와 구독자 수를 확보하지 않는다면, 국정감사나 외부감사에서 자유롭지 못하게 될 수 있다. 또한 공공의 특성 때문에 아이템의 한계성도 분명히 존재한다. 무조건 재미있고 흥미로운 주제로만 접근했다가는 각종 어려움에 부딪칠 수 있다. 결정적으로 공공은 돈이 많지 않다. 돈이 많지 않으면 홍보를 민간처럼 할 수 없다. 기관만의 색깔로 시장에서 살아남을 전략을 마련해야 한다.

★
5

공공홍보의 전통강자
'사내보, 사외보'

나는 5년간 운 좋게도 우리 기관에서 하는 대부분의 홍보업무를 담당자로 추진해 보았다. 사내보, 사외보 역시 담당자의 출산 휴가로 인해 약 3개월간 담당자로서 역할을 했었는데, 내가 해본 홍보업무 중에 가장 난이도가 높은 일이었다. 당시 우리 공사에서는 사내신문 'LX공사보'와 대국민용 잡지 '땅과 사람들'을 매달 발간하고 있었다. 'LX공사보'는 8천 부, '땅과 사람들'은 2만 부를 매월 발행하는 큰 업무였다. LX공사보는 퇴직 선배님, 유관기관, 주무부처 등에 배부되었고, '땅과 사람들'은 일반국민, 관공서, 은행, 도서관 등에 배부되는 인쇄물이었다. 보도자료나 인사말 같은 짧은 글은 많이 써왔지만 한 권의 인쇄물을 만든다는 것은 생각보다 큰 일이었다. 게다가 취재와 구성까지 신경써야 하고, 그달의 발간이 마무리되면 바로 다음 달 구성안을 기획해야 했기에 정말 눈코 뜰 새 없이 바쁜 3개월이었던 것 같다. 이번 장에서는 짧은 경험에서 느꼈던 홍보인쇄물 '사내보, 사외보'에 대해 이야기하려 한다. 홍보인쇄물은 공공홍보에서 전통적으로 해 오던 홍보활동이다. 지금은 모바일이 일상화되면서 웹이나 앱으로 많이 전환하는 추세이나, 아직까지도 인쇄물로 발간하는 기관들이 많다. '손으로 넘기는 맛'이라고 해야 할까? 홍보인쇄물은 디지털이 담지 못하는 감성을 아직도 갖고 있다. 더욱이 우리 공사의 주고객층이라고 할 수 있는 40~60대의 경우 디지털보다는 책장을 넘기는 것을 더 선호하고 있다.

★
손 많이 가는 홍보업무의 끝판왕 사내보

앞서 말한 바와 같이 홍보부서 일 중 손이 많이 가는 업무 중 하나가 사내보이다. 사내보는 내부 직원들이 보는 신문을 말하는데, LX한국국토정보공사의 'LX공사보'는 퇴직한 선배님들, 주무부처인 국토부, 유관기관까지 들어가는 기관 소식지이다. 이 공사보에는 그 달 공사 내에서 있었던 주요 이슈들은 물론이고, 직원들이 관심 가질 만한 소재를 발굴해 취재하고, 내부직원 인터뷰까지 들어간다. 때문에 마감을 끝내자마자 바로 다음 호를 준비해야 하는 정말 손이 많이 가는 일이다. 물론 외부 용역사와 함께 작업하기는 하지만 사내보의 경우 사내소식을 주로 다루기 때문에 용역사에서 해

줄 수 있는 역할은 편집, 사진촬영, 윤문 정도이다. 또한 사내보의 경우 본부별, 지사별 자신들의 성과를 알리는 홍보의 장이 되기 때문에 지면에서 기사의 크기, 위치까지 신경을 써야 하는 업무이기도 하다.

사내보를 만들기 위해서는 먼저 다음 호 기획안을 만들어야 한다. 8~10면 정도 되는 사내보의 각 지면을 구성하는 일인데, 언론사에서 신문을 발행하는 일과 같다고 보면 된다. 다만 다른 것이라면, 글을 쓰고 편집하고 발행하는 일을 모두 혼자서 한다는 점 정도? 쉽지 않은 일이다. 사보를 만들기 위해서는 가장 먼저 그 달에 있었던 사내의 주요 뉴스들을 수집해야 한다. 한 달간 언론보도 되었던 주요 내용들을 수집하고 그중에서 큰 이슈들을 5~6개 정도 뽑아서 한 면을 채운다. 그리고 그달의 가장 큰 행사나, 성과 등을 취재한 내용, 직원들에게 도움이 될 만한 정보 중에 그달에 실을 만한 시의성 있는 주제를 선정하고, 직원들의 소식 등을 담으면 한 달 치 사보 구성이 완료된다.

사보에서는 가장 핵심적인 것이 소재 발굴이다. 내부직원들 중에 특별한 소식이 있는 직원들을 찾아내고 취재를 해야 하는데, 이 과정이 만만치 않다. 특히 LX한국국토정보공사 같은 경우는 전국에 퍼져 있는 본부, 지사에 근무하는 약 5,000명의 직원을 일일이 알기 힘들기 때문에 어려움이 더 컸다. 그래서 홍보주니어들은 평소에 내부직원들과의 소통을 자주 할 필요가 있다. 술을 입에 대지도 못하는 나는 본사 직원들과의 점심식사, 사내메신저를 통한 안부

인사 등으로 직원들의 소식을 들었다. 그리고 그런 소식들 중에 사보에 실을 만한 내용을 찾아서 취재를 했다. 지사, 본부까지 소통을 하게 되면 정말 특이한 직원들이 많이 나온다. 요즘 보기 드문 5남매를 키우는 젊은 부부라든지, 3D프린팅으로 가구를 만드는 사람이라든지, 출근 전에 서핑을 즐기는 직원까지. 많은 조직원이 근무하는 곳일수록 그런 재미있는 스토리를 갖고 있는 직원들이 꼭 있을 것이다. 이야기 중에 가장 재미있는 이야기는 '사람이야기'이다. 특이한 취미, 특이한 이력을 갖고 있는 직원들을 찾아내고 그것을 글로 쓰는 능력이 사내보를 만들 때 가장 중요한 능력이다. 직원들의 이야기를 발굴했다면 용역 수행사와 함께 현장 취재를 한다. 글 작가, 촬영 작가, 담당자로 한 팀을 구성해 해당 지역에 방문하고 취재, 사진촬영을 실시하게 된다. 그렇게 매달 전국을 누비며 취재를 하고 1일자 사보 발행을 위해서 매달 중순쯤이면 편집 작업에 들어간다.

사보 초안이 만들어지면 용역사와 함께 내용들을 살펴보고 사진, 이미지와 함께 디자인하는 작업을 거쳐야 한다. 사내 정보이다 보니 단어 하나, 문구 하나까지 담당자가 신경 써야 하는 부분이 많다. 초안이 완성되면 가인쇄본을 가지고 내부적인 검열을 받아야 한다. 전 직원이 보는 사내신문이기 때문에 해당 부서의 컨펌은 물론이거니와 오탈자와 문법적인 오류가 있으면 안 된다. 원래 오탈자나 숫자가 틀린 부분들은 한 사람이 아무리 자세히 본다 해도 잘 발견되지 않는다. 흔히들 '손을 바꿔야 한다'라고 하는데 내가 몇 번을 봐도 못 봤던 부분을 다른 사람이 한 번에 바로 찾아내는

LX공사보

경우가 종종 있다. 나는 LX공사보의 가인쇄본을 들고 전 부서를 돌아다니며 컨펌을 받았다. 해당 부서장이나 담당자들이 내용을 보고, 위에 사인이 들어가야만 최종인쇄가 들어갔다. 신기하게도 내가 10번 넘게 봤는데도 못 찾아냈던 오타나 사진 상의 오류 등이 발견된 적이 많았다. 역시 '손을 바꿔야 한다'.

이 모든 과정을 거쳐서 1일자로 사내보가 전국에 뿌려지면 홍보담당자는 바로 다음 호의 기획에 들어가야 한다. 사내보의 한 달은 이렇게 숨 가쁘게 흘러간다. 물론 사내보 업무를 한다는 것은 사내소통을 활발하게 할 수 있고, 사진촬영, 글쓰기, 디자인 등 다양한 방면에서 개인의 역량을 키울 수 있는 기회가 될 수 있다. 하지만 홍보업무를 다양하게 경험해 본 내 입장에서 판단해 볼 때 역시나 손이 엄청 많이 가는 홍보업무 중 하나이다. 혹시나 사내보를 희망하는 홍보주니어가 있다면 심각하게 고민해 보길 바란다. 물론 얻는 것도 많고, 재미도 있는 일이지만, 상당히 고단한 일인 것도 분명하다.

★
사외보

사외보는 말 그대로 회사 밖 사람들이 보는 인쇄물을 말한다. LX 한국국토정보공사는 '토지'를 매개체로 업무를 하는 공공기관이기 때문에 사외보의 이름을 '땅과 사람들'이라고 정하고 매달 2만 부를 발행하고 있다. 처음에는 몇 천 부로 시작된 사외보 발행이 은행, 도서관뿐 아니라 책을 한번 본 사람들의 구독신청이 이어져 이제는 2만 부 가까이 발행한다. 폭주하는 구독신청에는 역시 '무료'라는 메리트가 가장 클 것이다. 공공기관에서 발행하는 사외보의 목적은 '국민과의 소통'이다. 국민들이 좋아할 만한 이야기를 담고, 간접적으로 기관을 알리는 것이 사외보의 역할인 것이다. 그런 의미에서 LX한국국토정보공사는 약 20년이라는 세월 동안 그 역할을 충실히 해오고 있다.

사외보는 발행부수도 많지만 책자 형태로 나가는 인쇄물이기 때문에 페이지 수도 사내보다 훨씬 많다. 평균적으로 90~100p 정도로 제작되는데, 그만큼 구성에도 많은 신경을 써야 한다. 다행히도 사외보는 내부 소식보다는 국민들이 흥미 있을 만한 소식을 많이 담기 때문에 홍보담당자의 역할보다는 그런 아이템을 기획하고 추진하는 용역 수행사의 역할이 훨씬 크다. 담당자는 수행사가 작성해 온 구성안을 확인하고 수정하는 역할만 해주면 된다. 상대적으로 사내 정보가 담긴 페이지가 작기 때문에 인쇄, 출판 등의 전문가인 용역수행사가 국민들의 니즈와 당시 트렌드를 반영해 내용을 채운다(회사 소개가 과도하게 많은 사외보는 국민들이 보지 않는다). 다만 사외보는 제작기간이 상당히 길다. 매월 초가 되면 다음 호 주제선정 회의를 실시하고 용역수행사가 제출하는 1차 콘티를 담당자가 확인한다. 만약 해당 내용 중에 기관이나 기관의 사업을 소개할 부분이 있으면 그때만 담당자가 연결시켜 주면 된다. 주제가 선정되면 용역 수행사는 필진을 섭외하고, 인터뷰, 사진촬영, 자료조사 등을 실시하고 월 중순까지 1차 초안을 만든다. 담당자는 1차 초안을 받아서 정독하고 발행됐을 때 기관 이미지에 손상이 가거나, 사외보의 품격이 훼손되는 내용들만 잘 걸러주면 업무가 마무리된다.

사외보의 업무는 인쇄물의 발행 자체보다는 그 외적인 부분에 어려움이 있다. 사외보의 가장 큰 일은 '국민'을 상대하는 것이다. '국민'이라는 것은 불특정다수를 말한다. 대부분의 사람들은 일을 할 때 가장 힘들어하는 것은 일 자체가 아니라 '사람'이라고 한다. 불특정다수를 대상으로 발행되는 잡지이다 보니 국민들의 민원 전화가 엄청 많이 온다. 그리고 그중에서는 우리 기관 사외보가 무료가 아니라 한 달에 수십 만 원 하는 고가의 잡지라고 생각하는 사람들도 있다. 원래 받는 날짜보다 하루 늦게 받았다고 화를 내시는 분부터 시작해서, 내용이 지난번보다 별로였다든지, 사진 퀄리티를 지적한다던지, 왜 사은품은 안 주냐는 등 정말 무수한 민원을 담당자는 받게 된다. 하루에도 수십 번씩 신청하고 취소하는 구독자 관리는 기본이다. 사외보를 담당하게 된 홍보주니어라면 하루라도 전화가 조용할 날이 없을 것이다.

LX한국국토정보공사 사외보 '땅과 사람들' 백패킹 편

나는 운 좋게도(?) 사내보, 사외보 모두를 경험해 보았다. 업무 분장 때 '분량이 작으면 일이 적겠지?'라는 생각으로 사내보를 선택했다가 사보지옥을 경험했었고, 사외보 담당자가 육아휴직에 들어가면서 비슷한 업무를 하고 있던 나에게 사외보까지 1+1로 업무가 왔었던 경험이 있다. 사내보, 사외보 모두 기관을 홍보하고 소식을 알리기 위해 발행하는 인쇄물이지만 그 성격과 업무처리 절차는 무척이나 달랐다. 또한 업무 난이도 역시 사내보가 월등히 높았다. 하지만 기관에서 나 혼자 하는 업무이기 때문에 일하면서 느끼는 보람도 컸던 것 같다. 사보는 기관이 내·외부와 소통하는 창구이다. 그리고 기관을 대표하는 인쇄물이다. 인쇄물이라는 것이 디지털자료와는 다르게 한 번 인쇄되면 되돌릴 수가 없다. 때문에 사보 담당자는 항상 꼼꼼하게 보는 습관을 길러야 한다.

★
6

너도나도
SNS

네이버 블로그 누적방문객 700만 명 달성!, 네이버판 메인페이지 25회 노출! 공공 홍보업무의 대부분은 명확하고 구체적인 효과를 측정하기 어렵다. 하지만 예외인 부분이 바로 SNS이다. SNS는 국민들의 반응을 실시간으로 확인하는 것은 물론이고, 연령별이나 성별로도 반응을 분석할 수도 있다. 그야말로 국민들과의 소통 끝판왕이다. 게다가 그런 모든 것은 수치화까지 가능하다. 홍보부서, 그리고 그 기관이 평가를 받을 때 가장 잘 활용할 수 있는 지표들이 생기는 것이다. 물론 평가를 감안하지 않더라고 SNS는 공공과 국민이 소통하는 창구가 되고 있다. 어려운 정책 자료를 웹툰이나 카드뉴스로 짧고 쉽게 만든다거나 장마철, 한파 기간 등 그 시기에 꼭 필요한 정보를 기관이 보유한 정책과 연계해서 풀어낼 수도 있다.

LX한국국토정보공사는 다양한 SNS 중 네이버 블로그를 잘 활용하고 있는 기관 중 하나이다. 네이버에서 집계한 블로그 영향력이 상위 1%에 들어갈 정도로 많이 활성화되어 있다. 공사의 업무 자체가 일반 국민들이 굉장히 낯설게 느껴지기 때문에 공사는 국민 생활과 밀접한 소재들을 활용해 사업을 알리고 있다. 영화 <아이언맨2>에서 토니 스타크가 가슴의 소형원자로를 바꾸기 위해서 새로운 물질을 만들어 내는 장면을 기억하는가? 그 장면에서는 토니가 아버지가 만든 행사장 모형을 실험실로 가져와 인공지능 비서 '자비스'를 활용해 스캔하고 가상공간에 띄우는 장면이 나온다. LX의 블로그에서는 아이언맨을 썸네일로 활용하며 그 장면과 공사의 사업의 '디지털 트윈'을 연계해서 쉽게 풀어냈었다.

디지털 트윈 기술은 가상공간에 현실과 똑같은 쌍둥이 도시를 만들어 다양한 시뮬레이션을 하는 기술이다. LX한국국토정보공사는 전주시를 대상으로 국내 최초로 디지털 트윈을 구축하고 운영하고 있는 기관인데, 아직 국민들에게 홍보가 잘 되어 있지 않은 상황이었다. 공사는 네이버 블로그를 활용해 지속적으로 디지털 트윈 국민들에게 알렸고, 충분한 성과를 보았다. 이번 장에서는 공공부문 SNS를 효과적으로 운영하는 방법을 말하려 한다. 물론 우리 기관이 "이대로만 하면 돼!!"라는 것이 아니라, "해보니 이런 게 좋은 듯합니다"라는 소감 정도로 받아들으면 좋겠다.

LX한국국토정보공사 공식 블로그

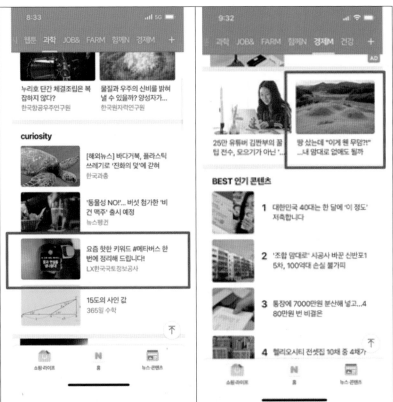

네이버판 메인에 소개된 LX한국국토정보공사 블로그 콘텐츠

언젠가부터 모든 공공기관이 SNS 홍보를 하고 있다. 네이버 블로그에서 유튜브로 대세가 기운지 한참이 됐지만, 아직도 대부분은 공공기관들은 블로그, 페이스북, 인스타그램, 틱톡까지 수많은 SNS를 운영하면서 국민들과 소통하려고 노력하고 있다. '국민소통'은 공공에서 가장 중요하게 생각하는 홍보 키워드이다. 정부에서도 공공기관 홍보를 추진할 때 기관 자체를 홍보하는 게 아니라 국민에게 하는 사업과 정책 중심으로 홍보하라는 지시가 내려온다. 또 공공기관 경영평가에서도 국민과 얼마나 소통하고 국민의 의견을 잘 반영했는지가 높은 비중을 차지하고 있다. 그런 '국민소통'의 대표적인 방법으로 공공부문은 SNS를 활용하고 있다.

고양시의 마스코트 '고양고양이'를 활용한 SNS는 이미 공공기관이 운영하는 BP 사례로 손꼽히고 있다. 귀여운 고양이 캐릭터를 활용한 재미있고 유쾌한 정보를 쏟아내는 고양시청의 SNS는 페이스북 팔로워가 15만 명에 육박할 정도로 높은 인기를 끌고 있다. 고양시청은 공보담당실에 SNS 홍보팀을 별도로 두고 인스타그램, 페이스북, 티스토리, 트위터 등을 통해 온라인 소통활동을 하고 있다. 그 중에서도 가장 큰 효과를 내고 있는 것은 페이스북이다. 마스코트 '고양고양이'는 공공 캐릭터 중에 최애캐로 자리 잡고 있음을 물론이다. 충주시 홍보를 담당하는 김선태 주무관은 스타 공튜버(공무원+유튜버)라는 별명답게 공공기관 SNS 분야에서 가장 화제가 되는 인물이다. 부족한 예산과 인력 속에서도 재치 있는 콘텐츠와 B급 감성으로 누리꾼들의 뜨거운 반응을 이끌어냈고 충주시의 시정활동과 특산품 등을 자연스럽게 홍보하고 있다.

★ 시작은 네이버 블로그

그렇다면 우리는 어떻게 우리 기관 SNS를 운영해야 할까? SNS는 개설하는 것보다 유지하고 관리하는 게 훨씬 힘들다. 기관에서 SNS를 처음 시작하는 경우라면 사람들이 찾아오게 하는 게 가장 중요하기 때문에 한 가지의 채널에 집중해야 할 필요가 있다. 한 가지 채널이 잘되면 OSMU(One Source Multi-Use) 방식으로 다른 채널에 맞게 같은 콘텐츠를 재가공해서 게시하는 등 활용방법이 훨씬 다양해진다. 때문에 처음 시작하는 SNS의 선택을 신중하게 할 필요가 있다. 시작은 인스타그램으로 하게 된다면, 인스타그램 특성상 글보다는 사진, 짧은 영상 등만 활용 가능하기 때문에, 타 채널과의 연계성을 확보하기 어려울 수 있다. 만약 SNS를 처음 시작하거나, 기존에 별 볼일 없이 운영하고 있었던 채널을 제대로 활용해볼 생각으로 다시 시작하는 홍보주니어라면 시작은 '네이버 블로그'를 추천한다. 지금은 조금 인기가 시들해지긴 했지만, 아직도 강력한 SNS 채널로 운영되고 있는 네이버 블로그는 정보와 재미를 모두 줄 수 있고, 다양한 정보가 축적되어서 DB역할까지 수행한다. 또한 '네이버 검색'이라는 강력한 기능을 활용해 다양한 방면에서 노출될 수 있다.

우리 기관에서 운영하는 '랜디랑'이라는 어플이 있다. 공사의 GPS 기술(올바른 용어는 GNSS이다)과 국토에 대한 정보들을 활용해 긴급호출, 국가지점번호 검색, 대피소 찾기 등 안전정보와 매일매일 전국 현장을 누비는 LX직원들이 추천하는 맛집 등을 검색할 수 있는 어플이다. 하지만 네이버에서 검색을 하면 공사 홈페이지 외에는 별다른 정보를 검색하기 어려웠다. 나는 '랜디랑', 'LX', '랜디', '안전어플' 등으로 검색하면 우리 기관의 '랜디랑'에 대한 다양한 정보들이 나올 수 있도록 마케팅을 진행했고 지금 검색해보면 약 100여 개의 네이버 블로그 게시물들을 확인할 수 있다. 이처럼 네이버 블로그는 단순 홍보 외에도 정보의 DB역할까지 충실하게 수행할 수 있는 SNS이다. 또한 네이버 블로그는 다른 채널과는 달리 영상, 글, 사진, 카드뉴스 등등 거의 모든 게시물들을 작성할 수 있는 특성이 있고, 콘텐츠 분량의 제약도 없기 때문에 향후에 다른 채널로 콘텐츠 확장이 굉장히 쉽다. 때문에 SNS를 처음 시작하는 기관이라면 네이버 블로그로 시작하는 것을 적극 추천한다.

내가 근무하는 LX한국국토정보공사도 여러 채널을 운영하고 있지만 아직도 주력 SNS로 네이버 블로그를 적극 활용하고 있고, 연간 누적 방문자수가 700만 명을 돌파하며 네이버 블로그 중에 상위 1%의 톱 클래스(Top Class)에 진입했다. '뭐, 난 한 번도 못 봤는데?'라고 말한다면 할 말은 없지만, 그래도 매년 네이버 판 메인에 30회 이상 노출될 정도로 시의성과 화제성 있는 콘텐츠를 생산하고 있는 우리 기관의 주력 SNS인 것은 사실이다.

★
우리만의 색깔이 필요하다.

2021년 넷플릭스 오리지널 콘텐츠 '오징어 게임'이 세계적인 인기를 끌었다. 많은 인플루언서들이 오징어 게임에 대한 리뷰를 하고, 오징어 게임을 따라 하는 콘텐츠들을 만들어냈다. 몇몇 인기 인플루언서들의 콘텐츠들은 높은 조회 수를 기록하며 유행에 탑승했다. 하지만 만약, 우리 기관이 오징어 게임을 패러디한 콘텐츠를 내놓는다면 많은 사람들이 볼까? 우리 기관은 2020년에 유행했던 유튜브 콘텐츠 '가짜사나이'를 패러디해 '랜디사나이'라는 콘텐츠를 야심 차게 내놓았다. 공사 마스코트인 '랜디'가 조교로 나와서 직원들은 교육시킨다는 내용이었다. 귀여운 캐릭터가 나와서 반전 매력을 선사하며, 제법 재미있게 만들어졌다는 내부적 의견이 있었고, 기획자들도 높은 조회 수를 기대하고 있었다. 하지만, 결과적인 조회 수는 약 7천 회라는 안타까운 수치를 기록했다. 그 당시 우리 공사의 유튜브 채널 구독자 수가 1만 명인 것을 고려해 봤을 때, 나쁘지 않은 수치였지만, 다른 채널들의 가짜사나이 패러디 콘텐츠가 약 10만 회 이상의 조회 수를 기록했고, 많은 것은 몇 백만 회를 클릭하는 것에 비해서는 매우 초라한 결과였다.

공공이 수많은 SNS 사이에서 살아남기 위해서는 우리만의 전략이 필요하다. 그 당시 인기 있고, 유행하는 콘텐츠를 만든다고 해도 우리 SNS에 국민들이 찾아올 확률은 높지 않다. 팔로워가 100만 명, 200만 명 되는 유명한 인플루언서들이 비슷한 성격의 콘텐츠를 생산한다면 국민들의 방문이 그쪽으로 이어지는 것은 당연한 일이다. 공공부문의 SNS가 인플루언서와 경쟁한다면 백전백패다. 하지만 공공이 SNS라는 레드오션에서 살아남는 방법은 따로 있다. '우리도 유튜브를 해야 하나?'에서 언급한 바와 같이 바로 '자신만의 색깔을' 찾는 것이다. 2021년 현재 우리나라 공공기관은 350개다. 공공기관은 정부가 국가일 전체를 전담할 수 없기 때문에 위임하는 공공기관에는 각자의 사명과 역할이 명확히 있다. 내가 근무하는 LX한국국토정보공사는 '국가공간정보 기본법'에 사업과 역할이 명확하게 명시되어 있다.

LX한국국토정보공사의 역할

1. 지적측량
2. 지적재조사
3. 공간정보·지적제도에 관한 외국 기술의 도입, 국제 교류·협력 및 국외 진출사업
4. 공간정보·지적제조에 관한 연구, 기술 개발, 표준화 및 교육사업

LX한국국토정보공사는 국토개발과 소유권 행사를 위해 선행되어야 하는 '지적'이라는 특수한 분야를 전담하고 있는 공공기관이다. 또한 '공간정보'라는 산업발전과 미래기술의 기초가 되는 업무도 수행하고 있다. 그리고 이런 LX의 사업들은 다른 공공기관이나 기업들과는 차별화된 LX만의 사업이기도 하다. 우리 공공부문의 홍보주니어들은 이 점에 주목해야 한다. '우리만 만들 수 있는 콘텐츠', '우리 사업에서 국민들이 궁금해할 만한 콘텐츠', '우리 사업 중

에서 국민들에게 도움이 될 만한 콘텐츠'를 만들어야 한다. 인기를 따라가는 콘텐츠만 제작해서는 살아남을 수 없다. 트렌드를 따르지만 콘텐츠는 우리만의 색깔이 있어야 한다. LX에서 영화리뷰 콘텐츠를 쓴다고 해서 우리 SNS에서 그것을 볼 사람들은 많지 않다. 하지만 LX에서 '땅 살 때 사기당하지 않는 가장 쉬운 방법 5가지'라고 해서 지적측량을 통한 정확한 위치와 형태 확인 방법을 알려주고 측량 신청 절차라든지 수수료 등을 안내한다면, 그 자료는 우리만 쓸 수 있는 콘텐츠가 된다. 그리고 사람들이 '지적', '땅'에 대해 궁금하다면 그 분야에서 가장 전문가인 우리의 SNS에 방문하게 될 것이다. 이것이 공공부문의 SNS가 살아남는 방법이다.

★
우리에게는 수많은 우군이 있다.

공공기관의 SNS를 개설하고 운영하는 홍보주니어들은 굉장히 막막할 것이다. '뭘 해야 하지?', '어떻게 운영하지?' 하지만 고민하지 마라. 이순신 장군에게 12척의 배가 있었다면, 우리에게는 주무부처와 350개의 공공기관이 있지 않는가. 이미 벤치마킹 할 대상들은 차고 넘친다. 어떤 일이든 자료가 충분하다면 몇 계단 위에서 시작할 수 있다. 시작 지점이 다르다면 우리의 골인지점은 훨씬 더 높을 수 있다. 공공의 최대 장점은 민간처럼 베낀다고 해서 욕먹지 않는다는 것이다. 처음부터 머리 싸매고 고민하지 말고, 시작 전에 수많은 공공기관들의 SNS를 탐문하면서 자료를 만들어라. 직접 발품 팔 일도 없고 따로 돈도 들지 않으니 이 얼마나 남는 장사인가. 제발 맨 땅의 헤딩 하지 말고, 고집부리지 말고, 남의 것을 잘 베껴써라.

타기관의 사례가 시작점을 앞으로 당겨준다면, 앞으로 나아가기 위한 바퀴 역할을 해줄 수 있는 우군도 있다. 바로 '용역'이다. 공공기관의 수많은 업무 중에 자체적으로 수행할 수 없는 전문적인 것들이 있다. 홍보분야에서도 광고 제작, 간행물 발행, 굿즈 제작 등 기관이 갖고 있는 인프라와 기술력으로는 불가능한 업무들은 '용역'을 통해 민간 전문가들에게 의뢰한다. 하고자 하는 사업내용을 명확히 정하면 그것들을 실현하는 것들은 우리보다는 전문가들의 손을 빌리는 것이 좋다. SNS 역시도 수많은 SNS 운영 전문기업들이 있다. 초창기 SNS 운영의 경우에는 담당자가 직접 운영하고 글도 작성했지만, 요즘 트렌드는 우리가 메시지와 방향을 설정하고 전문가들이 그것을 국민들의 입맛에 맞게 잘 요리하는 쪽으로 전환되고 있다. 그리고 그 효율성은 이미 구독자 수와 조회 수로 입증되고 있다.

LX한국국토정보공사도 초창기에는 담당자가 네이버 블로그, 페이스북, 인스타그램, 트위터 등 7~8개 되는 SNS를 혼자 운영했었다. 일손이 부족하다 보니 콘텐츠 업로드 주기도 늦어지고 콘텐츠의 품질 역시 높지 않았다. 당연한 결과로 구독자 수와 조회 수도 바닥이었다. 하지만 SNS 운영을 외부 전문가에서 맡긴 뒤 블로그 전체의 분위기와 콘텐츠 품질이 월등히 높아지는 것을 볼 수 있었다. '이렇게 좋은 것을 왜 이제 했지?'라고 생각할 정도로 우리의 색깔을 국민들의 입맛에 맞게 요리하는 전문가들의 실력에 감탄할 수밖에 없었다. 덕분에 이전에는 한 번도 없었던 네이버 판 메인 노출도 매년 30회 이상 되고 있고, 방문자 수와 콘텐츠 조회 수도 대폭 향상됐다. 물론 용역을 막 시작할 즈음에는 많은 혼란이 있을 수밖에 없다. 익숙하지 않은 기관의 성격과 사업을 용역수행사가 파악하기 쉽지 않기 때문이다. 이때 우리 홍보주니어의 역할이 매우 중요하다. 기관을 스터디하기 위한 자료와 그들을 이해시키려는 노력이 충분히 선행된다면 용역수행사는 기관 SNS를 몰라보게 변화시키면서도 기관의 색깔을 잃어버리지 않게 도와줄 것이다. 잘만 활용한다면 '용역'은 당신을 맨 땅의 헤딩에서 구해 줄 구세주가 될 수 있다.

★
SNS와 캐릭터는 찰떡궁합

2020년은 공공기관 방송채널 EBS가 창사 이래 가장 '핫'했던 해였다. 유튜브에서 "김명중 씨"라며 EBS 사장 이름을 거침없이 부르는 펭귄 '펭수'가 전 국민적인 눈길을 끌었기 때문이다. 유튜브 채널 '자이언트 펭TV'에서 데뷔한 펭수는 툭툭 내뱉은 센스 있는 말들과 직설적인 말투로 10대부터 60대까지 폭넓은 인기를 얻었다. 많은 사람들이 펭수를 볼 때마다 해방감과 힐링감을 느꼈으며, 펭수는 단순히 인기 캐릭터를 넘어서 인플루언서로 자리 잡았다. 펭수의 몸값은 1회 광고료만 5억 원에 달했다고 한다.

EBS의 펭수와 같이 거의 대부분의 공공기관들은 캐릭터를 갖고 있다. 하지만 그것을 잘 활용하고 있는 기관들은 흔치 않다. 사람들이 알고 있는 공공부문의 캐릭터는 고양시의 '고양이', 국립공원공단의 '반달이' 등 손에 꼽을 정도이다. LX한국국토정보공사도 2012년에 '랜디'라는 거북이 캐릭터를 론칭했다. 하지만 거의 10년 가까이 캐릭터 활용이 전무했다. 캐릭터는 SNS와 만날 때 큰 시너지 효과를 보인다. 캐릭터는 딱딱한 공공기관의 이미지를 친근하게 만들어 줄 수 있고, 어려운 메시지도 말랑하게 만드는 힘이 있다. 똑같은 정책브리핑이라도 글로만 나열하는 것보다는 캐릭터가 설명해 주는 '카드뉴스'가 국민들이 보기에는 훨씬 쉽고 편하다. SNS는 그 자체로 쉬운 것, 재미있는 것이기 때문에 '캐릭터'가 갖는 특징들과 일치한다고 볼 수 있다. LX도 인스타그램에 랜디를 활용한 지속적인 이미지를 업로드 하고 있다. 정책이나 사업적인 내용도 있지만, 감성적이나 국민들의 생활과 밀접한 콘텐츠들을 캐릭터를 활용해 전달할 때 많은 반응들이 있었다. 캐릭터라는 매개체는 공공이라는 어렵기만 한 장벽을 한 꺼풀 벗겨줄 수 있는 윤활유와 같다. 자신의 기관만의 캐릭터가 없다면 만들어서 활용하는 것을 적극 추천한다. 기관의 CEO가 나와서 설명하는 메시지 보다 기관의 캐릭터가 설명하는 내용이 훨씬 잘 전달될 것이다. 특히 SNS에서는.

단순히 캐릭터의 JPG파일을 활용하는 것을 넘어서 인형탈 등을 이용해 직접 메시지를 전달하는 것도 좋은 방법이다. LX한국국토정보공사가 위치한 전북혁신도시에 있는 또 다른 공공기관인 한국전기안전공사는 자사의 캐릭터인 '미리'의 인형탈을 활용해 적극적인 홍보를 하고 있다. 한 직원이 '미리' 인형탈 머리를 뒤집어쓰고 전기안전에 대한 메시지를 전달하거나 일상을 기록하는 콘텐츠를 인스타그램을 통해 주기적으로 올리고 있는데, '미리'가 등장하는 콘텐츠의 조회수는 다른 콘텐츠보다 월등히 높은 성적을 보이고 있다. 캐릭터가 있다면 최대한 활용해라. 재미있지 않으면 SNS를 볼 이유가 없다. 재미와 정보를 한 번에 전달하는 기관 SNS를 운영하고 싶다면, 국민들이 좋아하는 것을 정확히 파악하고 활용할 필요가 있다.

| EBS '펭수' | 한국전기안전공사 '미리' |

SNS는 대부분의 공공기관이 운영하고 있는 만큼 우리 기관만의 확실한 성과를 내기란 쉽지가 않다. 주기적인 이벤트를 개최해 방문자를 끌어모으는 것도 한 방법이겠지만, 가장 중요한 것은 '본질'이다. 항상 찰떡같은 비유로 밑에 직원들에게 메시지를 전달하시던 내가 모신 사장님이 이런 말을 한 적이 있다.

"횟집에 회를 먹으러 갔는데 달라는 회는 안 나오고 콘치즈, 튀김, 샐러드 같은 것만 나오면 아무리 그것들이 맛있다고 해도 다시 그 집을 가지는 않는다. 횟집에서는 좋은 회를 내놓아야 한다. 그것이 본질이다."

SNS의 본질은 유익하고 재미있는 콘텐츠이다. 우리 기관에서 국민들을 위해서 제공해야 하는 콘텐츠가 무엇이고 그것을 어떻게 해야만 재미있게 전달할 수 있는지 고민한다면, 너도나도 다 하는 SNS 홍보시장에서 살아남을 수 있을 것이다.

공공기관 베테랑 홍보맨 손과장의 홍보 인수 인게시

★
4장

그럼, 이제

홍보해볼까

1

홍보기획을
해보자

내가 근무하고 있는 LX한국국토정보공사는 LH처럼 국민들이 생활하는 아파트를 짓지도 않고, 한국전력처럼 전기를 공급하지도 않는다. LX의 주요 업무인 지적측량은 전 국민 중 토지를 소유한 약 5%의 국민들에게만 제공되는 서비스이다. 때문에 LX를 아는 국민들은 많지 않다. 이렇게 약간은 사람들의 관심에서 멀어진 LX가 2021년 상반기에는 자주 언급된 일이 있었다. 대기업 LG가 신설지주사를 분리하면서 새로 만드는 그룹명을 'LX'로 발표했기 때문이다. 상표권과 직결되는 문제라서 본래는 우리 기관의 법무팀에서 대응을 해야 하는 사항이었지만, 언론모니터링 과정에서 홍보부서에서 가장 먼저 그 사실을 발견하고 LG쪽 담당부서를 수소문해 연락을 하게 되었다. 이 전화 한 통으로 인해 졸지에 홍보처가 전담

부서가 되어서 대기업인 LG와의 한바탕 싸움을 이어간 적이 있었다. 공정거래위원회 불공정거래신고, 특허청 이의제기, 내용증명발송, 기자회견, 가처분신청 준비까지 정신없는 시간들이 이어졌고, 관련 소식들은 신문, 방송을 통해 수없이 국민들에게 전해졌다. 덕분에 공사는 창사 이래 최초로 네이버 경제면 메인을 7번이나 장식하는 등 홍보를 톡톡히 한 적이 있었다. 2021년 3월에 시작한 상표분쟁은 2021년 5월 27일 양 사의 대표가 만나서 상호협력을 약속하며 잘 마무리되었고, 서로 양보할 것은 양보하고 협력할 것은 협력하는 우호적인 사이로 서로 발전하고 있다.

또, LG와의 상표분쟁이 한창이던 5월 1일. 신세계그룹이 SK프로야구단을 인수하고 새로 출범하는 SSG랜더스와도 또 한 번 문제가 발생했다. SSG랜더스에서 마스코트 이름은 '랜디'로 발표한 것이다. LX는 2012년부터 마스코트를 거북이 '랜디'로 발표하고 이미 약 10여 년간 활용하고 있는 상황이었다. 상표권과 관련해서는 이미 LG와의 분쟁을 겪으며 충분히 학습이 된 상태였기에, SSG랜더스 담당자에서 항의를 하고 사용중지 공문을 발송하였다. 하지만 SSG랜더스에서는 변호사를 통해서 법률적 문제가 전혀 없다는 의사를 전달해 왔고, 우리 공사도 법률자문을 통해서 캐릭터의 명칭은 상호와는 달리 법적 다툼의 소지가 거의 없다는 의견을 받았다.

바로 이 부분에서 홍보부서에서 홍보기획이 필요했다. 자칫 잘못하면 캐릭터 명칭도 뺏기고 아무런 소득도 없이 끝날 수 있는 싸움에서 LX는 SSG랜더스에게 상호 같은 캐릭터 명칭을 이용해서 홍보마케팅을 펼치자는 제안을 했다. 야구팬들에게 LX의 랜디를 알리고 약 5,000여 명의 LX 직원들과 20,000여 가족들, 그리고 우리의 고객들에게 SSG랜더스를 알리자는 것이었다. SSG랜더스 홍보 담당자는 흔쾌히 우리의 제안을 수락했고, 양 사의 캐릭터 컬래버레이션이 시작되었다. LX의 랜디가 SSG랜더스의 홈 경기장인 인천 SSG랜더스필드(舊 문학구장)을 방문해서 프로야구 시구를 하고, 양사의 랜디들이 합동공연을 하기도 했다. 또 최종전이 있기 전 이틀 동안을 'LX브랜드데이'로 명명하고 관람객들을 대상으로 한 각종 이벤트를 실시하기도 했다. 프로야구 중계카메라에 계속 잡히는 LX를 보고 내부직원들의 반응도 폭발적이었고, 야구장을 방문한 관람객들도 다양한 이벤트로 즐거워했다. 1차 프로모션의 반응이 좋아서 2차로 'LX브랜드데이'를 개최했고, 매년 이러한 양사의 컬래버레이션을 지속하기로 협의했던 경험이 있다.

LX와 SSG랜더스와의 협업 홍보는 철저한 홍보기획에서 비롯되었다. 그 당시 LX홍보부서는 정확한 문제점을 인식하고 문제점을 해결하기 위한 다양한 아이디어를 도출해냈고 그 아이디어를 실행할 수 있는 방안을 모색했다. 이번 장에서는 어떤 홍보를 어떻게 기획해서 추진해야 하는지 그 과정을 말하려 한다.

SSG랜더스 필드에서 시구하는 LX랜디

홈런 세레머니에 활용되는 LX굿즈

★
홍보 기획을 해보자

여러분은 기획과 계획의 차이점을 설명할 수 있는가? 기획과 계획. 수없이 듣고 익숙한 단어들이지만 그것을 명확히 설명하는 홍보주니어들은 그리 많지 않을 것이다. 여러분은 자전거를 타 보았는가? 자전거를 탈 때 앞바퀴는 가고자 하는 방향을 정하고, 페달을 밟으면 체인의 움직임에 따라 뒷바퀴가 굴려간다. 앞바퀴가 방향을 제대로 잡지 못하면 엉뚱한 방향으로 자전거가 움직일 것이고, 페달을 밟지 않으면 아무리 앞바퀴 방향이 정확하다고 해도 내가 원하는 장소에 도달할 수 없다. 기획과 계획이 바로 이런 관계이다. '기획'은 목표를 설정하는 것이고, '계획'은 기획한 목표를 실행하기 위한 구체적인 방법을 모색하는 것이다. 다시 말해 '무엇을 할 것인지', '왜 할 것인지'를 명확히 하는 과정을 '기획'이며, 주어진 목표에 관한 '구체적인 절차를 정하고, 순서를 정하는 것'이 바로 계획이다. 기획 없는 홍보계획, 홍보계획이 불명확한 기획은 결국에는 실패의 원인이 될 수 있다. 두 가지 중, 중요성을 따진다면 단연 홍보기획이라고 말할 수 있다. 명확한 목표의식이 없는 행동들은 그 의미를 잃어버릴 수 있기 때문이다.

특히 홍보 환경에서는 계획보다는 기획의 중요성이 더 크다. 기획은 환경이 변화될 때 꼭 필요한 과정이기 때문이다. 홍보환경은 끊임없이 변화한다. 유튜브가 처음 세상에 나왔을 때 50대 이상 중장년층의 참여가 지금처럼 활성화될 것이라고 예상하는 사람은 그리 많지 않았을 것이다. 하지만 방송통신위원회에서 발표한 '2020년

방송매체 이용행태조사'에서는 50대 이상 연령층에서 스마트폰을 필수매체로 인식하는 비율은 60.3%에 달하며, 유튜브나 넷플릭스 같은 OTT 서비스를 이용하는 비율은 63.1%로 나타났다. 2019년 OTT 이용 비율이 35.8%에 불과한 것과 비교해볼 때 1년 만에 엄청난 변화가 일어난 것이다. 이처럼 홍보환경은 올해와 지난해는 물론이고 한 달 사이에도 급격하게 바뀔 수 있다. 때문에 효과적인 기관홍보를 추진하기 위해서는 환경변화를 빠르게 감지하고 환경에 맞는 홍보방법을 기획·추진할 필요가 있다. 그렇다면 이러한 급속한 환경변화 속에서 우리는 어떻게 홍보기획을 만들어나가야 할까?

홍보기획의 첫 번째 단계는 바로 '문제의 인식'이다. 기획이라는 것은 현재의 환경에서 우리 조직의 문제점을 발견하고 그것을 해결하거나 작게 포장하고, 잘한 것들을 크게 알리는 것이다. 문제에는 다양한 종류가 있다. 과거에 잘못했던 문제, 현재의 문제, 미래의 문제. 생산과정을 예로 들자면 고객의 클레임이나 불량품 발생 등은 과거에 문제에 해당한다. 이러한 과거의 문제들은 이미 일어난 것들이기 때문에 잘못을 바로 시정조치를 하면 쉽게 해결할 수 있다. 그리고 현재 발생하고 있는 문제들은 바로 방법을 모색해서 해결하면 된다. 하지만 마지막 미래형 문제들은 해결방법이 조금 다르다. 미래형 문제들은 현재의 시장의 흐름을 분석하고 미래를 예측해서 미리 그것을 극복해야 하는 것들이다. 아직 발생하지 않는 문제들을 대비해야 한다는 것이다. 우리 홍보주니어들이 해결해야 할 문제들은 대부분 미래형 문제에 해당한다. 그리고 홍보기획은 이러한 미래형 문제의 해결을 위한 대안이다. 그렇다면 어떻게 아직 발생하지도 않은 문제들을 발견하고 해결할 수 있을까? 문제는 '기대'와 '현상'의 차이이다. 우리 기관은 10만 명의 유튜브 구독자 수를 기대하지만 현재 우리 기관의 구독자 수가 5천 명이라면 그 차이가 문제가 될 수 있다. 그 차이로 발생할 수 있는 미래형 문제를 해결해야 하는 것이 홍보기획의 과제라고 할 수 있다.

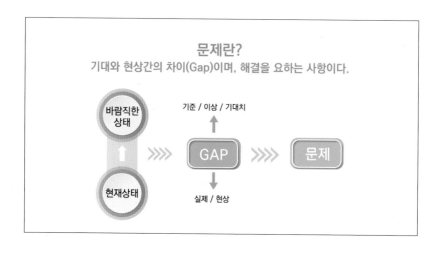

★ 홍보기획을 위한 3요소

환경 변화에 따른 미래형 문제점을 발견하고, 그 문제를 해결하기 위한 홍보과제가 명확해졌다면 그 과제를 해결한 방법을 찾아야 한다. 이제 진짜 홍보기획을 할 차례이다. 홍보기획을 시작하기 위해서는 'WHY', 'WHAT', 'HOW' 세 단계를 거쳐야 한다.

'WHY'는 이 홍보를 왜 해야 하는가 하는 물음이다. 홍보를 추진하기 위한 당위성을 찾는 과정인데, 공공이라는 조직 특성상 상품을 파는 조직이 아니기 때문에 홍보라는 것이 '해도 그만, 안 해도 그만'이라는 인식이 많이 깔려 있다. LX도 지적측량이라는 고유한 업무를 국가에서 위탁받아서 몇 십 년간 추진해왔던 공공기관이기 때문에 홍보를 한다고 해서 매출이 올라가거나 하지 않았다. 지적측량이라는 것은 토지소유자의 필요에 의해서 신청을 해야 하며, 지적측량 자체는 공공에서만 수행할 수 있는 일이었기 때문이다. 하지만 최근 들어 지적측량 중에서도 일부 부분이 개방되고, 공간정보라는 신사업분야가 LX 내부에서도 도입되면서 홍보의 필요성이 점점 커지고 있는 상황이다. LX가 공간정보 업무를 수행한다는 사실을 알리고, 실적과 성과들을 잘 알려야 하기 때문이다. 하지만 아직도 오래전 입사하신 선배들 중에는 홍보에 대해서 '돈만 쓰는 일이다'라고 생각하시는 분들도 있다. 때문에 홍보기획에서 'WHY'를 구체화하는 것은 가장 중요한 과정이라고 할 수 있다. 결재권자가 홍보를 해야 하는 이유를 충분히 이해할 수 있도록 해야 한다. WHY는 홍보기획의 가장 근본적인 시작이다. 바닥이 단단

해야만 기둥도 세우고 벽도 세울 수 있다. 이 홍보를 해야 하는 이유가 명확해야만 그것을 추진하는 동력이 생길 수 있다. WHY는 충분한 시간과 조사를 바탕으로 견고하게 논리를 만들어야 한다.

아마 홍보주니어들이 홍보업무를 맡은 첫해에는 맡겨진 일만 해치우기도 벅찰 것이다. 보도자료는 기본이고 틈틈이 사진요청에 불려다녀야 하고, 행정업무 처리도 엄청날 것이다. 나 역시도 홍보업무 개시 첫해에는 새로운 기획을 할 엄두가 나지 않았었다. 하지만 갑자기 내려오는 위로부터의 오더로 인해 불가피하게 홍보기획을 추진한 경험이 있다. 그때 내려온 과제가 바로 '지자체 협업'과 '지역주민 참여'였다. 두 가지 오더를 받고 무엇을 해야 하는지, 왜 그걸 해야 하는지 오랜 시간 고민한 적이 있다. 그때 내가 생각한 것이 '주민이 참여하는 자전거 라이딩'이었다. 그리고 그 아이디어를 제시한 'WHY'는 크게 3가지였다.

첫째, LX한국국토정보공사는 비인기 종목인 사이클 장려를 위해 2006년부터 공공기관 중 유일하게 프로 사이클팀을 운영하고 있었다. 아시안게임 5관왕 선수를 배출하고 많은 국가대표를 보유하고 있는 유명한 사이클팀이지만 대회 참가 외에는 사이클팀을 활용한 홍보가 제대로 이루어지지 않고 있는 실정이었다. LX사이클팀은 자전거 동호인들 사이에서 굉장한 인기가 있었지만, 일반인들은 LX사이클팀이 있다는 사실조차도 모르는 상황이었다.

둘째, 공공기관 지방이전정책에 따라 LX한국국토정보공사가 서울 여의도를 떠나 자리 잡은 전북 전주시는 서울시와 함께 국내에 단

| 구분 | 2011년 자전거 행사 자료 | 2018년 추진계획 |

□ 자전거타기 구간 및 대형

○ 구 간(8km)
원효대교 남단 ⇒ 자전거대여소 ⇒ 63빌딩 ⇒ 샛강자전거도로
⇒ 창포원 ⇒ 여의하류IC ⇒ 국회의사당 ⇒ 한강수영장 ⇒
원효대교 남단

○ 대 형
사이클선수단(깃발) ⇒ 시민 자전거 ⇒ 직원 및 가족 자전거
⇒ 인라인 동호회

□ 시간계획

시 간		내 용	비 고
15:00 ~ 15:30	30′	사인회 및 자전거 강습	
15:30 ~ 16:00	30′	자전거 묘기 및 인라인 시범	식전행사
16:00 ~ 16:30	30′	배번호 배부	
16:30 ~ 16:31	1′	개회선언	사회자
16:31 ~ 16:40	9′	대회사	사장
16:40 ~ 16:49	9′	축사	외빈
16:49 ~ 16:50	1′	'자전거타기 실천 결의문' 낭독	남녀 각1명
16:50 ~ 17:30	40′	여의도 플레깅 순환	
17:30 ~ 17:50	20′	경품추첨 및 기념품 배부	
17:50 ~ 17:51	1′	폐회식	
17:51 ~ 18:00	9′	주변청소 및 해산	

Ⅲ 세부계획

[1] 자전거 대행진

○ 코스길이 및 소요예상시간: 10.5km / 70분
○ 구간: 시청→기린대로→종합경기장→추천대교→기린대로→시청
○ 행진대열

• 선수단, 사이클서포터즈, 공사 임직원 자전거에 홍보 깃발 부착⇨간접홍보 효과 유발
○ 코스도

• 순위경기가 아님을 강조해 무리한 추월로 인한 안전사고 사전예방

2곳 밖에 없는 자전거 관련 부서가 있는 지자체였다. 전주시 자체
에서 자전거 장려를 위해 많은 정책들과 활동들을 하고 있고, 전주
시는 자전거 동호인 육성, 학교와 연계한 자전거 교육 등 다양한
활동으로 자전거 라이딩을 하기 위한 기반이 조성된 상태였기에
자전거를 주제로 한 홍보기획은 큰 효과를 볼 것이라고 생각했다.

셋째, LX는 전북 이전 공공기관으로 지역을 위해 많은 공헌활동을
하고 있으나, 대규모 인원들이 참여하는 행사가 전무해서 지역에
서의 인지도가 상대적으로 낮은 상태였다. 같은 이전 기관으로 국
민연금이라는 큰 공공기관이 있기 때문이기도 하지만, 지역에서의
인지도와 호감도를 높이기 위한 대규모 행사 개최라는 큰 이벤트가
좋은 홍보효과가 있을 것이라 생각했다.

나는 이 WHY에 대한 이 세 가지 해답을 찾고 나서 홍보기획을 본격적으로 추진할 수 있었다. 어떤 상사가 와도 이 홍보기획에 대한 당위성을 설명할 수 있다는 자신감이 들었기 때문에 힘 있게 행사를 기획할 수 있었다. 그리고 자연스럽게 'WHAT'에 대한 내용도 작성할 수 있었다.

WHY와 WHAT으로 기획의 첫 단추를 잘 끼웠다면(내 경우에는 WHAT이 이미 정해져서 내려왔었다고 봐야 한다). 이제 'HOW'를 고민할 차례이다. 내가 하고자 하는 기획을 어떻게 추진할 것인가에 대한 고민이다. 행사라면 행사내용, 참석대상, 진행순서, 홍보방법, 소요예산까지 가장 많은 준비와 자료조사가 필요한 부분이기도 하다. 이 부분을 가장 쉽게 하는 방법은 유사한 사례를 찾아보는 것이다. 아마 기관마다 다양한 행사와 사업을 진행하기 때문에 우리 부서가 아니더라고 비슷한 성격의 행사를 개최한 사례들이 있을 것이다. 나도 자전거행사를 추진하면서 '어떻게 해야 하나' 막막해 하고 있을 때, 점심 식사 중 한 선배가 가물가물한 기억을 더듬으면서 약 10여 년 전에 공사에서 비슷한 행사를 한 것 같다고 말한 것을 듣고 수소문 끝에 소규모로 진행했었던 자전거대회 개최 계획(안)을 찾아낸 적이 있었다. 막막했던 앞길에 조그마한 빛을 찾은 기분이랄까? 그 자료를 바탕으로 간단한 행사 구성안을 만들어서 전주시와 협의를 진행했고, 전주시에서는 흔쾌히 행사 공동 개최를 수락했다. 자전거 관련 인프라가 있었던 전주시는 관련 인원 모집, 경찰서 등 관공서 협조를 맡았고 우리 LX는 전체적인 행사진행과 무대설치 등을 맡는 것으로 역할 분담을 하고 행사를 기획했었다.

2018년에 진행된 자전거 행사는 축하공연, 단체 자전거 라이딩, 팬 사인회, 경품추첨 등으로 구성된 행사였는데 결과적으로는 예상을 훨씬 웃도는 2,000여 명이 참여하며 성공적으로 마무리 됐다. '사인 받으러 오는 사람이 한 명도 없으면 어쩌지?' 걱정했었던 LX사이클팀의 팬 사인회는 줄이 너무 길어서 중간에 끊고 진행을 해야 할 정도로 폭발적인 인기였고, 경찰의 호위를 받으며 평소에 달려보지 못했던 도심의 8차선 대로를 국가대표가 포함된 LX사이클팀과 함께 2,000여 명이 자전거로 달리는 모습은 장관을 이루며 각종 신문과 방송에 소개되었다. 홍보부서에 와서 아직 업무파악도 잘 안된 상태의 첫 홍보기획이기에 많이 힘들고 예상치 못한 문제들로 어려움을 겪었지만, 가장 보람 있었고 성취감이 느껴졌던 일이기도 했다.

LX와 함께하는 전주 자전거 한마당 단체 라이딩 장면

★
좋은 기획은 명확한 효과가 있다

좋은 홍보기획들은 기획의 3요소인 WHY, WHAT, HOW가 논리적일 뿐 아니라 그것들이 상호 유기적으로 연계되어 있다. 또한 그러한 탄탄한 환경 분석과 과제들에 따라서 그것을 실행했을 때의 효과를 구체적으로 유추할 수 있다. 만약 본인이 기발한 아이디어를 만들어서 홍보기획을 했다면 그 기획을 통해서 해결되는 문제가 얻게 되는 이익이 나와야 한다. 그것들이 너무 추상적이거나, 아예 유추가 되지 않는다면 그 기획은 다시 한번 생각해 볼 필요가 있다. 공공의 홍보효과는 매출 증대와 같이 즉각적인 반응이 나올 수 없다. 아이러니하게도 그렇기 때문에 더 구체적인 성과를 제시해야만 한다. 앞서 말한 자전거 행사와 같은 경우에는 기획단계에서 1,500여 명의 참여자, 지역 내 자전거동호인 2만여 명을 대상으로 한 홍보 및 언론·방송 등의 노출을 근거자료로 해서 공공기관의 중요한 평가지표 중 하나인 사회적 가치 기여도 점수의 0.3점 상승을 기대효과로 제시했었다. 지역주민의 전체 조사 대상 중에 포함될 것으로 예상되는 자전거 행사 홍보대상을 기준으로 산정한 추정치였다. 다행히도 다음해 조사결과 예상치를 웃도는 1.2점의 상승을 이뤄냈다. 물론 홍보부서의 홍보만으로 그 점수가 상향된 것은 아니지만, 홍보기획 단계에서 제시했던 기대효과가 어느 정도 맞아떨어졌기 때문에 그 행사 기획은 성공적으로 내부적으로 평가받고 있다. 홍보기획은 기획단계에서 구체적은 홍보 추진 내용은 물론이고 그것이 완료되었을 때의 정성적인 성과와 정량적인 성과를 제시해야 한다. 특히나 정량적 성과는 해당 홍보기획에 대해 윗분들을 설득하기에 좋은 자료가 된다. 사실에 입각한 근거자료를 바탕으로 해당 홍보기획의 기대효과를 추정해 보는 것이 홍보기획의 마지막 단계이다.

★ 없던 WHY도 만들어야 하는 게 공공의 홍보기획이다

홍보기획을 잘하고 싶다면 현재 우리 기관의 문제점을 정확히 짚어보고 해결해야 할 과제를 도출하는 것이 가장 중요하다. 물론 홍보업무라는 것 자체가 위에서 지시가 내려와서 바로 시작해야 하는 경우가 많다. 하지만 홍보담당자의 역할은 그 지시를 내린 상사의 의중을 정확히 파악하고, 그 지시를 실행해야 하는 WHY(근거)를 찾아내는 데부터 시작해야 한다. 아무리 위에서 내려온 오더라고 해도 그것에 대한 명분이 없이 예산을 집행하고 실행할 수 없기 때문이다. 홍보기획을 할 때 추진근거에 'CEO 지시사항'이라고만 적어 놓는다면 무책임한 담당자, 능력 없는 담당자로 낙인찍힐 수 있다. 위에서 내려온 지시사항이라고 해도 그 지시사항이 타당하다는 논리를 만들어야만 하는 게 홍보담당자이다.

LX한국국토정보공사에서는 2015년부터 매년 '미래전략 콘텐츠'라는 보고서를 발간해 무료로 공개하고 있다. 국토에 대한 발전 방향

이나 국민들의 생활 편익에 도움이 될 만한 기술을 연구하여 보고
서를 작성하는 것인데, 2018년에는 상사가 "좋은 보고서인데 홍보
가 잘 안 되고 있으니, 기획홍보를 좀 해서 국민들과 언론이 알릴
수 있도록 해라"라는 지시를 내렸다. 과제가 바로 도출된 것이다.
나는 그것을 실행해야 하는 이유를 만들어야만 했다. 먼저 보고서
의 주 타깃이 될 것으로 예상되는 고객층을 오피니언 리더, 유관기
관으로 설정하고 최저 비용으로 신뢰 있는 높은 홍보효과를 얻기
위해서 외부 전문가를 통한 시리즈 기획기사를 제안했다. 언론매
체는 비용이 높은 5대 신문사가 아닌 관련 분야 전문가들이 많이
보는 전문지 중심으로 매체를 선택하고, 우리가 쓰는 글이 아닌 외
부전문가들이 LX의 보고서를 분석하고 효과를 말해주는 형식의 시
리즈 기고를 추진한 것이다.

이 건 같은 경우에는 원래 계획이 없던 사항이라 예산이 확보되지
않은 상황이었다. 때문에 결재를 받기 위한 보고 시에도 비용대비
효과, 명확한 타깃을 통한 홍보 등을 강조해서 보고했었고, 어렵지
않게 한 번에 통과돼서 추진한 사례가 있다. 언론사에서도 해당 보
고서에 대한 내용을 접하고 큰 관심을 보였고, 전문지 시리즈 기고
이후에도 별도 요청을 하지 않았는데도 '미래전략콘텐츠' 중 2050
년 빈집을 예측하고 문제점과 해결방안을 제시한 보고서를 조선일
보에서 1면에 기획기사로 작성한 사례가 있다. 광고 효과로 본다
면 그 당시 발행부수 1위였던 조선일보 1면의 반 페이지 이상을
할애했기 때문에 약 3,000만 원 이상의 홍보효과가 있었다고 평가
됐다. 그 건은 조선일보 보도 이후에도 주요 일간에서 수없이 인용

되면서 톡톡한 홍보효과를 본 적이 있다.

홍보담당자로서의 역할은 개떡같이 말해도 찰떡같이 이해해서 맛있는 떡을 만들어 주는 것이라고 할 수 있다. 상사가 갑작스러운 지시를 내리더라도 당황하지 말고 명확한 명분을 만들어서 추진해야 하는 것이 홍보주니어의 숙명이다. 어쩌겠는가. 우리는 월급 받는 직장인인 것을……. 부디 명확한 기획으로 당신의 홍보업무 추진에 동력을 튼튼하게 만들길 바란다. 홍보기획의 가장 큰 산은 WHY를 찾는 일이다. 환경 분석을 통한 홍보기획이든, 위에서 내려오는 오더를 실행하기 위한 홍보기획이든 확실한 WHY를 만들어서 성공적인 홍보기획을 추진하길 바란다.

★
2

내부에 알리는 게
10배의 효과가 있다

tvN의 인기 예능프로그램 〈신서유기〉에서 공공기관의 CI를 맞추는 게임을 하는 장면을 본 적이 있다. 공공기관에서 근무하는 우리들에게는 너무나 익숙한 한국수자원공사(K-water)나 한국도로공사(EX)의 CI를 보고도 전혀 알아맞히지 못하던 출연진들을 보면서 공공기관의 홍보담당자로서 놀라움을 감출 수 없었다. 대부분의 국민들이 메이저급 기관의 CI도 못 알아보는 현 시점에서, 공공기관의 홍보담당자로서 자신의 기관을 홍보를 한다는 것은 쉬운 일이 아니다. LH나 한국전력 같이 국민생활에 밀접한 연관이 있는 메이저급 공공기관들이 아니고서야 국민들은 공공기관 자체에는 그다지 관심이 없다. 아무리 광고를 하고 이벤트를 하더라고 기관 자체에 대한 관심을 갖는 국민들은 그리 많지 않다. 물론 기관마다 인지도 조사, 만족도 조사, 호감도 조사 등 각종 조사를 통해 수치화하고 있지만, 그 수치 그대로 국민들이 기관을 인식한다고 믿기는 어렵다. 그렇다고 공공기관이 민간 대기업처럼 막대한 예산을 태워서 광고를 반복적으로 할 수는 없다. 우리는 최소한의 예산으로 홍보를 해야만 하는 공공기관 홍보담당자들이다. 그리고 내부적으로는 최대한의 효과를 본 것처럼(?) 인식시켜야 한다. 국민들이 우리를 잘 아는 것도 중요하지만 내부적으로 우리가 홍보를 잘하고 있는 사실을 알리는 것 또한 중요하다.

공공에 근무하는 사람으로서 가장 바라는 것은 월급 많이 받고 좋은 근무지에서 근무하며, 진급을 빨리하는 것이다. 그리고 그러기 위해서는 자신이 한 일을 잘 포장해서 내부에 알리는 일이 필요하다. 아무리 일을 잘하고 있다고 해서 내가 한 일을 알리지 않는다면, 아무도 알아주지 않는다. 자신의 맡은 일로 하루하루 바쁘게 지나가는 공공부문 임직원들은 타 부서나 타인의 일에 그다지 관심이 없다. 홍보를 할 때도 외부에서 좋은 반응을 일으킨 홍보라고 하더라도, 내부직원들의 호응을 얻지 못한다면, 인사 시즌이나 진급 시즌에 좋은 영향을 받기는 어렵다. 이번 챕터에서는 공공기관 홍보맨으로서 신경써야 하고, 잘만 한다면 적은 예산으로 높은 성과를 낼 수 있는 홍보방법, 즉 '내부홍보 활용'에 대해서 말하려 한다. 알리는 것이 홍보다. 내 편에게도 제대로 알려야 한다.

★
내부커뮤니티를 적극 활용하라

대부분은 공공기관들은 보안상 이유로 내부망과 외부망을 분리해서 사용한다. 즉 업무용 PC에서는 인터넷을 바로 들어갈 수 없는 상황이다. 개인적으로는 아주 불편하고 성가신 시스템이다. 인터넷이 되는 외부망 PC에서는 한글이나 엑셀 작업이 전혀 불가능하고, 파일을 외부에 보내거나 메일을 통해서 받은 자료를 내부 PC에서 활용하기 위해서는 망 간 전송이라는 성가신 과정을 거쳐야 한다. 이게 말은 간단한데 일할 때는 완벽하게 인터넷서핑 등은 불가능하다고 보면 된다. 일할 때는 아주 불편하지만 홍보맨으로서는 이 점을 꽤 유용하게 사용할 수 있다. 공공에서 일하는 직원들이라고 해서 하루 종일 일만 하지는 않는다. 그렇다고 대놓고 외부망 PC에서 인터넷을 하는 것도 눈치가 보인다(공공기관에서 외부망은 거의 전용 메일을 사용하는 창구로 활용된다). 때문에 인트라넷이라는 내부 전용 커뮤니티 화면을 자주 띄워 놓는데 우리 홍보맨들은 이 점을 활용해야 한다. 내부 직원들이 하루 일과 중 가장 많이 보는 화면인 내부 인트라넷을 활용해서 우리 부서가 잘한 일, 지금 외부에서 우리 기관을 홍보하는 것 중에 좋은 성과가 나고 있는 것들을 올려주는 것이다. 일반적으로 내부망 인트라넷에는 기관별로 개최한 행사내용이나 업무적인 실적들을 많이 게시된다. 그런 것들이 재미있을 리 없다. 하지만 홍보업무라는 것이 일과는 어느 정도 동떨어져 있고, 우리 회사일이지만 약간은 재미있는 아이템들이 많다. 사업 이야기만 잔뜩 있는 게시판에서 재미있는 홍보 아이템은 직원들의 관심을 끌기에 아주 좋은 콘텐츠가 된다. 사막에 오아시스라고나 할까? 재미없는 일과 속에서 재미없는 게시물 중에서 그나마 볼 만한 콘텐츠들을 자주 올려주면, 홍보부서가 하는 일에 대한 공감대도 커지고 몇 천 명이나 되는 홍보대상이 돈 한 푼 안 들이고 생기는 것이다.

LX한국국토정보공사 인트라넷 '위랜드'

LX한국국토정보공사의 전 직원은 약 5,000명이다. 하지만 내부 인트라넷 커뮤니티에 올라온 게시물들의 평균 조회 수는 400회가 채 안 된다. 하지만 홍보부서에서 톡톡 튀는 제목을 올려놓은 게시물들은 2,000회가 훌쩍 넘는 조회 수를 보이곤 했다. 2020년에 마스코트를 활용한 동화책을 만들어 전국 국·공립 유치원과 공공도서관에 배포한 홍보기획을 추진한 적이 있었다. 공사의 인지도 취약층인 30대를 타깃으로 한 것이었다. 공공기관 최초로 마스코트를 활용한 창작동화를 배포하고 외부 반응도 좋았지만 내부직원들에게 배부된 것이 아니었기에 직원들은 잘 모르고 있는 상황이었다.

우리 부서는 이 건을 잘 알리고 싶어서 내부인트라넷 자유게시판에 '랜디 또 사고쳤다! 이번엔 동화책??' 이하는 제목으로 재미있는 글과 그림, 짤방 등을 활용해 글을 올렸다. 놀랍게도 이 게시물은 3,000회가 넘는 조회 수와 120개의 댓글이 달렸다(사내게시판 평균 댓글 수는 10개 미만이며, 대부분 '잘 보았습니다'로 끝난다). 유례없는 폭발적인 지지와 반응이었다. 그 게시물이 대박을 치고 가끔씩 지역에서 근무하는 직원들이 나를 만날 때마다 그 동화책 기획이 너무 좋았다고 말해주던 기억이 있다. 물론 일반 국민들은 그 아이템이 있었는지도 모른다. 하지만 내부적으로 우리 홍보부서가 일을 잘하고 있다는 사실을 적극적으로 알릴 수 있는 기회였다. 사내게시판은 잘만 활용하면, 1만큼 일하고 10만큼 효과를 볼 수 있는 매체다. 특히나 홍보부서의 업무는 대부분 대국민과 유관기관 등 외부에 알리는 내용이 많기 때문에 잘한 것을 잘 포장해서 내부에 알리고 공감을 얻을 필요가 있다.

★
전자결재 문서는 필수다

공공기관의 모든 부서들은 다 열심히 일을 하고 있다. 어느 부서든 사람이 부족하다고 아우성이며, 일을 하려는데 예산이 부족하다고 한다(한 번도 인력과 예산이 풍부하다고 한 부서를 본 적이 없다). 하지만 공공기관의 수많은 부서가 존재하고 자기 일하기 바쁘기 때문에 다른 부서 다른 사람이 어떤 일을 얼마만큼 잘하는지 관심이 전혀 없다. 더욱이 그 부서에서 알리지 않으면 남의 부서 일을 알 수 있는 방법이 없다. 하지만 공공기관 근무자들은 문서로 오는 것들은 우선 열어보기는 한다. 제목만 읽고 대충 넘기는 경우도 많지만 우선 보기는 한다. 더욱이 홍보부서에서는 하는 업무는 일반적인 업무들보다 흥미로울 때가 많기 때문에 읽어보는 직원들이 많다. 그러니까 어떤 업무를 하든 전자결재 문서를 통해서 '우리 이런 거 해요! 관심과 사랑 부탁해요!!!'라고 알려야 한다. 스스로 내 업무를 알리지 않으면 아무도 알아주지 않는다. 그리고 가장 쉽고 기본적인 '내 업무 알리기'가 바로 문서 발송이다. 단 내부 커뮤니티에 올리는 게시물은 재미있고 쉽게 읽을 수 있게 작성해야 하지만, 전자결재 문서는 그와는 다르다. 최소한의 문서 양식을 지키면서 핵심을 담아서 문서를 작성해야 한다. 전자결재 알림 문서 역시 돈이 안 드는 홍보수단이니 꼭 활용하길 바란다.

앞서 말한 바와 같이 LX한국국토정보공사는 SSG랜더스라는 프로야구단과 캐릭터를 활용한 홍보분야에서 협업을 하고 있다. 공교롭게도 SSG랜더스가 창단하고 캐릭터를 발표했는데 캐릭터 명이 우리 공사와 같은 것이다(2012년부터 사용하고 있는 LX한국국토정보공사 마스코트는 '랜디'이다). 물론 SSG랜더스는 강아지, 우리 공사는 거북이를 마스코트로 사용한다. 앞서 말한 바와 같이 SSG랜더스가 후발로 캐릭터명을 랜디라고 정했기 때문에 적극 대응해야 한다고 생각하고 법적 대응을 알아봤지만, 자문결과 승산 0%였다. 바로 태세를 전환해 캐릭터 콜라보를 제안했고 어렵게 성사되었다.

돈 한 푼 안 들이고 야구장에서 우리 공사 캐릭터 홍보를 하게 된 기획이었지만 '관람료 할인'과 같은 우리 직원들에게 돌아오는 혜택은 전혀 없었다. 본사 차원에서 진행하고 마무리되는 이벤트였지만 우선 알리자는 목적으로 '이런 것 하니까 관심 가져주세요'라고 전국에 전자결재 문서를 발송했다. 발송한 직후부터 "경기는 언제냐", "우리 랜디는 언제 나오냐", "우리 본부에서 도와줄 것은 없냐" 등 수많은 문의가 들어와서 한동안 행복한 비명을 질러야 했다. 더욱 좋았던 것은 우리가 추진하는 기획홍보를 내부직원들이 많이 알아주고 긍정적으로 평가해줬다는 점이다. 나는 SSG랜더스와의 협업 기획에 대해서 내부적으로 긍정적으로 평가를 받아서 2021년 상반기 공사 우수 직원으로 선발되는 영광까지 얻었다. 내부 홍보를 잘한 덕분이었다.

내부직원을 활용하는 홍보

'사람 셋이 모이면 없는 호랑이도 만들어낸다'라는 말이 있다. 사람들은 다수의 의견, 특히 내 주변사람의 의견을 매우 신뢰한다. 기업들은 이것을 활용해 바이럴 마케팅을 진행하는데 쉬운 말로 '입소문 내기'이다. 매체를 통해 전하는 메시지보다 가까운 사람을 통해 전해지는 메시지는 높은 신뢰감을 갖게 된다. 사내 홍보에서는 특히 이런 입소문은 중요한 역할을 한다. 성공적인 내부 홍보를 위해서는 곳곳에 있는 소식통과 친밀한 관계를 유지해야 한다. 그분들을 내 편으로 만든다면 저절로 여러분이 하는 일이 조직 내에서 알려지고 힘을 받게 될 것이다.

그런 소식통들은 홍보 소재 발굴에서도 많은 역할을 할 수 있다. 홍보 소재가 부족할 때 내부직원의 독특한 취미나, 미담 등은 좋은 홍보거리가 될 수 있다. 사람에 대한 스토리는 언제나 사람들의 흥미를 불러일으킨다. 언론에서도 특이한 이력을 갖고 있는 일반직원들의 인터뷰 등을 자주 실어주기도 한다. 그 이유는 사람들의 관심을 끌 수 있기 때문일 것이다. 하지만 큰 조직에서 개개인의 사정을 일일이 알기에는 홍보부서 인원이 턱없이 부족하다. 이때 평소에 좋은 관계를 맺어두었던 소식통들을 활용하면 쉽게 문제를 해결할 수 있다.

한번은 평소 친분관계를 유지하고 있던 경기도 파주 근무 직원과 사내메신저로 잡담을 하다 갑자기 그 직원이 "야 명훈아, 얼마 전에 우리 직원 측량하다가 사람 구했어"라고 말을 꺼낸 적이 있다. 촉이 팍! 왔다. 세부적인 사항을 물었고, 직접 파주까지 달려가서 그 직원을 인터뷰까지 한 적이 있다. 북한과 맞닿는 임진강 철책 부근에서 측량 도중에 살려달라는 소리를 듣고 달려가 저체온증을 보이는 사람에게 옷까지 벗어주고 경찰에 신고해 사람을 구한 사례였다. 이 사례는 TV뉴스까지 소개되면서 공사 홍보에 큰 공을 세웠다. 물론 내부적으로도 이 '미담'은 많은 관심을 받았고, 해당 직원은 사장 표창까지 받게 되었다.

만약 평소에 친분관계를 갖고 있던 직원과 대화가 없었다면, 측량하다 사람을 구한 이 스토리를 제때 발굴할 수 없었을 것이다. 사람을 구한 사실은 변하지 않았겠지만, 홍보부서의 역할이 없었다면 그런 좋은 미담을 널리 알려서 기관의 브랜드구축과 홍보에 도움이 될 수는 없었을 것이다. 이렇게 소식통으로 내부직원들을 활용하는 것도 좋은 방법이지만, 더 좋은 것들은 우리가 제작하는 홍보기획에 직원들을 참여시키는 것이다. 같은 영상을 제작하더라도 내 주위 사람들, 내가 소속된 본부나 지역에서 만들어진 콘텐츠는 찾아서라도 보게 된다. 또 우리 기관에 취업을 하고 싶어 하거나, 우리 기관에 대한 관심이 높은 사람들은 실제 기관 내에서 생활하는 사람들의 이야기를 궁금해 한다. 공사에서 제작하는 콘텐츠 중에

내부 직원 중 홍보요원을 선발하는 LX엔터 공고문

취업수기 인터뷰, 브이로그 등이 다른 콘텐츠보다 높은 조회 수를 기록하는 것도 바로 그런 이유에서 일 것이다.

많은 인원이 근무하는 조직일수록 그 안에는 끼로 똘똘 뭉쳐있는 직원들이 있기 마련이다. 그 사람들은 조직문화나 분위기로 인해 기를 못 펴고 있을 뿐, 판만 잘 깔아준다면, 충분히 기관홍보에 많은 도움이 될 수 있는 사람들이다. 홍보담당자의 역할 중 하나는 그런 끼 있는 사람들을 잘 발굴해서 기관 홍보에 활용하는 것이다. LX에서도 내부 홍보요원들을 선발해서 활용하고 있다. 'LX엔터'라고 해서 젊은 직원 중에 끼 있는 직원들을 뽑는 시범적인 도전이었는데, 의외로 수십 명이 응모해서 깜짝 놀랐던 적이 있다. LX는 그렇게 뽑힌 내부직원들을 활용해 사내 라디오방송, 유튜브 콘텐츠 제작, 리포터 등 다방면으로 활용하고 있으며, LX엔터 본인뿐 아니라 직원들에게 좋은 반응을 얻고 있다.

공공기관 홍보는 분명 한계가 있다. 적은 예산으로 국민들 모두에게 기관을 알리고 사업을 홍보하는 것은 무리다. 하지만 그런 효과를 낼 수 있는 방법이 내부적으로 "아~ 홍보 잘하네"라는 소리를 듣는 것이다. 국민들에게 잘 알리는 것도 중요하지만 내부적으로 홍보되지 않는 사항을 외부까지 설득하는 것은 어불성설이다. 그리고 아무리 외부 홍보를 잘하고 좋은 성과를 내더라도 내부적으로 알아주지 않는다면 홍보부서가 설 자리는 점점 줄어들게 된다. 외부 홍보가 중요하지만 우선 내부 단속 먼저 하라! 더 좋은 건 내부 홍보는 예산이 안 든다는 것이다. 이 얼마나 좋은가.

★
3

프리패스를
부르는 보고

"그래서 요점이 뭐야?"

상사의 결재를 받기 위해 홍보기획안에 대해 설명했는데 중간이
이런 말이 나온다면 그건 홍보기획 내용이 아무리 좋든 완전한 실
패다. 혁신적이고 획기적인 기획안을 만들었더라도 최종 결재권자
의 승인이 나지 않는다면 그것은 그냥 재활용을 위한 A4용지를 생
산하는 일에 불과하다. 공공기관에서는 내용만큼이나 중요한 것이
바로 '보고'이다. 그리고 정확한 보고를 위해서는 핵심을 잘 전달할
수 있는 '보고서'가 필요하다. 보고서는 알릴 보(報), 고할 고(告),
글 서(書)이다. 알리고 고하는 글이 보고서인데 다른 말로 표현하
자면 나와 상대방(상사)과의 커뮤니케이션이라고 할 수 있다. 내가

말하고자 하는 내용을 의미 있게 조직해서 상사가 이해할 수 있도록 틀을 갖추어 표현한 문서가 바로 보고서이다. 그리고 보고서를 상사가 잘 이해할 수 있도록 돕는 것이 바로 보고이다. 이번 장에서는 상사가 한 번에 OK할 수 있는 보고 Tip을 알아보자.

★ 질문 없는 보고가 BEST, 상사의 입장에서 보고하라

가장 좋은 보고는 상사가 별다른 질문을 하지 않고 "알겠어요"라고 말하는 보고이다. 질문이 없다는 것은 해당 홍보기획안에 대해 충분히 공감하고 이해했다고 볼 수 있다. 물론 간혹 가다 보고할 때는 한 귀로 듣고 한 귀로 흘려버리다가 나중에 결재될 때 불러서 "이건 뭐야?"라고 말하는 분도 있지만, 대부분의 공공기관의 관리자들은 다 그 자리에 올라갈 만한 충분한 내공이 있는 사람들이기 때문에 질문 없이 보고를 잘 마쳤다면 그 홍보기획안은 성공적이라고 생각해도 된다.

그렇다면 상사가 질문을 하지 않는 보고를 위해서는 우리는 무엇을 해야 할까? 가장 좋은 방법은 상사의 입장이 되어보는 것이다. 실무자의 입장과 관리자의 입장은 분명한 차이가 있다. 때문에 보고서를 작성할 때는 나의 관점이 아니라 이것을 결재하는 상사의 입장에서 보고서를 작성해야 한다. 만약 CEO에게 행사 기획안을 보고하고 참석을 부탁드리는 건이라면, 행사의 주요 내용 외에도

CEO의 역할이나 동선을 별도로 보고해야 한다. "이런 행사인데 사장님께서는 내빈 티타임 참석과 축사, 시상을 해주시면 됩니다. 주요 동선은 이렇습니다. ○○시 ○○분에 행사 시작이오니 ○○분까지 저희가 모시러 가겠습니다." 이렇게 보고해 준다면 내가 사장이라도 별다른 질문을 하지 않을 것이다.

하지만 상사 입장에서 보고서를 쓰고, 보고를 하더라도 홍보기획 내용에 물음표가 생기면 문제가 있는 보고이다. 이 기획을 하는 이유와 내용, 기대효과는 하나로 물 흐르듯 연결되어야 한다. 추진배경에서는 '4차산업혁명'을 언급했는데 기대효과에서는 '주민생활편익 제공'을 적어놓는다면 상사가 그 기획안을 한 번에 '오케이' 하기는 쉽지 않을 것이다. '4차 산업혁명'을 추진배경으로 적었다면 기대효과에서는 '최신 기술트렌드를 선도하는 기관이미지 형성'이라든가, '신규 사업 발굴을 통한 ○○원의 간접적 수익 예상' 등을 적는 것이 상사 입장에서는 좋을 것이다. 보고와 보고서는 '내'가 중심이 아니라 '보고받는 사람'이 중심이 돼야 한다. 보고는 커뮤니케이션의 일종이다. 우리 사회는 인간과 인간의 커뮤니케이션이 가장 밑바탕에 있다. 좋은 커뮤니케이션은 일방적인 내 이야기를 하는 게 아니다 상대방이 필요한 말을 해주고, 상대방의 의견을 적극적으로 들어주고 적용해 주는 것이다. 보고는 커뮤니케이션에서도 뚜렷한 목적을 갖고 있는 커뮤니케이션에 속한다. 상대방에게 내 의견을 제시하고 그것을 바탕으로 상대방을 설득해야 하는 높은 수준의 커뮤니케이션이다. '설득'이 목적인 커뮤니케이션에서 내 의견만 일방적으로 제시한다면 제대로 된 커뮤니케이션이 될 리가 없다. 상대방의 입장에서 상대방이 납득할 만한 주장과 근거를 바탕으로 내 의견을 제시해야 한다. 더욱이 그 상대방이 내가 결재를 받아야 하는 상사라면 실무자 입장이 아닌 관리자 입장에서 문제를 바라보고 해결책을 검토해야 한다. 단지 '이것은 홍보효과 좋아요'가 아니라 '이건 이런 이유 때문에 해야 하고, 이것을 하게 되면 투입되는 인력과 시간, 비용에 비해 이만큼 큰 효과가 있습니다'라고 말해야 한다. 결재하는 것 외에도 상사의 역할이 있다면, 명확하게 상사의 역할을 파악할 수 있게 하는 보고를 준비해야 한다. 다시 한번 말하지만 보고는 내가 주인공이 아니다. 보고를 받는 사람이 주인공이 되는 보고를 준비하자.

★
보고와 보고서는 달라야 한다

LX한국국토정보공사에서는 전체 간부가 참여하는 화상회의를 한 달에 한 번씩 개최한다. 본사의 주요 간부들은 대회의실에 모이고, 전국에 있는 약 200여 명의 지사장들과 본부장들이 화상으로 참여하는 중요한 회의이다. 이 월간 화상회의에서는 각 기관별로 추진하고 있는 업무에 대한 CEO 보고와 협조사항들이 오간다. 이 회의를 위한 회의 자료들은 하루 전에 취합되어 전국에 있는 본부, 지사 그리고 본사의 실·처에 배부된다. 참여하는 간부들은 회의 자료를 보면서 보고를 받는 것이다.

이 화상회의는 일반 직원들까지 녹화본을 통해 시청이 가능하다. 각 부서 간부들이 돌아가면서 보고하는 것을 화상회의 시스템에 접속해서 볼 수 있는데, 이때 간부들의 실력 차를 확실하게 느낄 수 있다. 보고를 잘하는 간부들은 요점이 적혀 있는 보고서를 뼈대로 해서 상대방이 그 내용을 잘 알 수 있도록 부연설명이나, 해당 보고 내용에 대한 히스토리를 통해 짧은 글로 담아내지 못한 설득의 논리를 펴낸다. 하지만 어느 간부는 보고서 내용을 그대로 읽고 보고를 마무리하기도 한다. 당연한 얘기겠지만 후자의 경우에는 회의에 참가하는 간부들의 지루한 표정이 그대로 표현된다. 이미 문서를 통해서 보고 있는 내용을 그대로 다시 읽어주는 것을 주의 깊게 듣기는 힘들 것이다. 문자를 그대로 읽어주는 것은 자녀들이 어렸을 때 동화책을 읽어줄 때 빼고는 쓸 필요가 없다. 보고는 보고서와 달라야 한다. 보고는 보고서에 다 담지 못한 이야기를 해야 한다. 또한 상대방이 그 보고서를 잘 이해할 수 있도록 도와주는 말을 해야 한다. 보고는 보고서의 핵심내용을 서두에 전달하고 보고서에 적힌 방대한 양을 잘 요약해서 전달하는 과정이다. 제발 보고서를 그대로 읽는 보고는 하지 말자.

한번은 CEO가 참여해야 하는 언론사 컨퍼런스 건을 보고해야 했다. CEO 보고는 최대한 원페이퍼 보고서에 모든 내용을 담아서 함축적으로 전달해야 하기에 해당 컨퍼런스 참석의 필요성, 그 컨퍼런스를 주최하는 언론사와의 관계, CEO의 주요 역할, 참석자들의 현황 등 모든 내용을 다 담을 수 없다. 때문에 원페이퍼 보고서에 행사개요와 식순, CEO의 역할 등만 담고 보고를 들어갔다. 보고를 시작할 때 해당 언론사와 우리 기관과의 긍정적인 관계형성 과정과 그 언론사 관리를 필요성, CEO가 참석하지 않았을 때 예상되는 문제점 등을 구두로 먼저 보고했다. CEO는 충분히 공감하고 바로 참석하겠다고 단번에 OK 사인을 했다. 만약 이 보고에서 원페이퍼 보고서에 명시된 행사개요와 CEO 일정 등만 보고했다면, 과연 CEO가 한 번에 'OK' 하셨을까? 10분 단위로 움직이는 CEO의 일정에서 하루를 통으로 빼야 하는 컨퍼런스 일정을 넣기는 불가능했을 것이다. 하지만 보고서에 담지 못한 내용들을 보고를 통해 전달함으로써 성공적인 보고를 마칠 수 있었다.

★
시선을 사로잡는 보고서

사람이 가지고 있는 오감 중에 가장 중요한 감각을 꼽으라고 한다면 대부분의 사람들이 시각을 꼽을 것이다. 그만큼 볼 수 있는 능력은 우리의 일상생활에서 가장 큰 역할을 하는 감각이다. 보통 사람이 감각기관을 통해 획득하는 정보의 80% 이상이 시각을 통해서 얻어진다고 한다. '시각'은 보고에서도 중요한 역할을 한다. 올라가 있는 결재판을 보고 문서를 딱 펼쳐놨을 때 제일 먼저 눈이 가는 것이 무엇일까? 정답은 '제목'이다. 결재권자는 제목을 본 후 앞으로의 보고 내용을 대충 예상한다. 그래서 홍보주니어들은 결재 문서의 제목에 특히 많은 신경을 써야 한다. 톡톡 튀는 제목도 좋지만 보고서 내용과 전혀 상관없는 제목이라면 문제가 된다. 또는 너무 추상적인 제목 역시 보고 내용을 유추하는 데 걸림돌이 될 수 있다. 예를 들어 보고 내용은 '지역주민을 위한 버스킹 공연 개최'인데 제목을 더 거창하게 달고 싶은 욕심에 '지역주민 상생을 위한 협력방안' 이렇게 해놓았다고 보자. 제목만 보면 해당 기획이 업무협약을 맺는다는 내용이나 지역주민들과 공헌활동을 한다는 것으로 오해할 수 있다. 제목은 톡톡 튀고 임팩트 있는 것이 좋다. 보고를 시작함과 동시에 가장 눈이 먼저 가는 곳이 바로 제목이기 때문이다. 하지만 의욕이 앞서서 과장이나 엉뚱한 제목을 쓰는 실수를 저지르지 않길 바란다.

그렇다면 제목 다음으로 눈이 가는 곳은 어디일까? 정답은 아니지만 홍보업무 관련 보고서에는 이미지나 그래프 등이 많이 들어가 있다. 텍스트로 가득한 보고서에서 이미지와 그래프는 결재권자의 시선을 금방 사로잡을 수 있기 때문이다. 이런 시각적 효과는 문서를 읽지 않아도 한눈에 의미가 전달될 수 있고, 그 자체가 뇌에 각인되어 오래 기억하게 만든다. 행사 관련된 기획이라면 유사한 행사의 주요 장면 한두 장을 넣는다거나, 영상 제작 기획이라면 비슷한 영상의 캡쳐 화면을 넣는 게 좋다.

이미지뿐 아니라 그래프도 문서의 의미를 전달하는 중요한 자료가 될 수 있다. 다음해 홍보예산을 보고할 경우 주요 예산 변동내역을 막대그래프로 나타내면, 보고서 내용을 보지 않더라고 이해할 수 있다. 다만 주의할 점은 내용과 전혀 상관없는 이미지, 어떤 메시지를 전달하려는지 의미를 알 수 없는 그래프이다. 그래프나 표를 잔뜩 그려 놓고, 핵심을 표시해 놓지 않으면 의미 전달이 제대로 되지 않는다. 이미지라면 보고서의 핵심 내용을 나타낼 수 있는 이미지로, 표라면 꼭 봐야 할 부분에 빨간색 박스를 쳐서 한눈에 볼 수 있도록 만들어 보자.

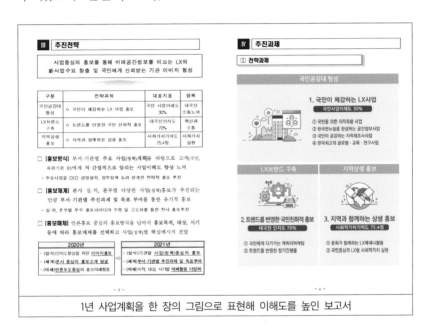

1년 사업계획을 한 장의 그림으로 표현해 이해도를 높인 보고서

★ 보고는 타이밍

우리 공사에서는 아는 사람만 아는 보고 노하우가 있다. 바로 '비서와 친해지기'이다. '웬 비서?'라고 생각할 수도 있지만, 이건 타이밍과 관계가 있다. 대부분의 최상위 결재권자들에게는 부수적인 행정 업무를 담당하는 비서들이 존재한다. 그리고 이 분들이 하는 중요한 업무가 바로 '스케줄 관리'인데 이 스케줄에는 보고를받는 시간도 포함되어 있다. 즉 비서들은 내가 보고할 타이밍을 잡아주는 중요한 역할을 한다. 그런데, 그게 왜 중요할까? 보고받는 결재권자도 사람이다. 사람은 기분의 변곡이 있을 수밖에 없고, 그러면 안 되겠지만 기분이 좋을 때와 아주 좋지 않을 때의 의사결정과 보고서를 접하는 느낌은 다를 수 있다. 아무리 좋은 기획이라도 개인적인 일이나, 이전 보고가 엉망이라서 언짢은 상태에서 듣는다면 우선 부정적인 시선으로 볼 수밖에 없다. 때문에 좋은 타이밍에 보고를 들어가는 것도 한 번에 통과되는 보고 노하우 중 하나이다. 우선 비서들과 친해지고 CEO나 결재권자들의 컨디션이 가장 좋은 타이밍을 잡아달라고 한 후 보고해 보자. 훨씬 부드럽게 보고가 진행될 수 있다.

나는 이 타이밍 때문에 곤혹을 치른 경험이 있다. 2021년 ESG 경영이 한창 이슈가 되고 있던 타이밍에 2022년 달력 제작안을 기획한 적이 있다. 달력의 종이 재질과 포장 전체에 친환경 소재를 도입하고, 달력에 사용되는 그림은 장애인 작가의 작품을 활용하는 등 새로운 시도로 가득한 기획이었다. 실무자들과 팀장, 수석팀장, 처장까지 모두 칭찬했던 기획안이었지만, 최종 CEO 보고를 들어가서 들은 이야기는 '달력을 왜 만들어? 이게 ESG야?'였다. 완전 멘탈이 탈탈 털려서 아무 말도 못하고 기획을 전면 수정했었는데, 나중에 비서를 통해 들어보니 그 타이밍이 CEO 취임 이후 거의 최악의 상태였다고 한다. 내 보고시간이 오후 4시였다. 그 전까지 들어온 보고들이 CEO가 지시한 사항들의 경과보고였는데 마음에 들지 않는 내용들이라 보고자가 몇 시간 동안 깨진 후였다고 한다. 하루 종일 마음에 들지 않는 보고를 받은 후 마지막 보고였으니 좋게 보였을 리가 만무하다. 만약 좋은 기획안을 만들었다면 좋은 타이밍도 함께 고려하자.

★
프리젠테이션은 최고의 보고 스킬

보고는 1:1 대면보고도 있겠지만 착수보고회, 완료보고회와 같이 1:다수로 보고하는 경우도 있다. A4로 보고하는 게 아닌 PPT를 활용한 프리젠테이션이 필요한 순간이다. 하지만 프레젠테이션이 대한민국 사람들에게 그리 친근한 단어가 아니었다. 대한민국의 학생들은 말하기보다는 수업을 잘 듣고 잘 적는 것이 좋은 성적을 얻을 수 있는 길이었고, 회사원들은 본인의 의견을 제시하기보다는 상사의 의견을 얼마나 잘 실행하느냐가 능력을 인정받는 방법이었다. 때문에 우리나라 사람들은 발표보다는 듣기, 쓰기 등의 능력이 더 발달해 있다. 이 책에서도 보고서 작성, 기획, 보도자료 작성 등 문서 작성을 중심으로 소개했던 것도 가장 많이 쓰이는 능력은 말하기보다는 쓰기이기 때문이다. 하지만 프리젠테이션은 최고의 보고 방법이다. 내 기획안을 다양한 시각적 효과와 비언어적 스킬을 활용해 확실하게 전달할 수 있기 때문이다. 미국의 심리학자 앨버트 메라비언(Albert Mehrabian)은 '메라비언의 법칙'을 통해 효과적인 전달에서 내용의 중요성은 7%에 불과하지만 전달 방법, 표정, 태도 등 비언어적 요소는 93%의 영향력을 갖고 있다고 말했다. 즉 메시지 전달에서 발표 방법이 가장 중요한 역할을 한다는 것이다. 프리젠테이션은 이런 메시지 전달방법을 모두 활용할 수 있다.

하지만 하루아침에 프리젠테이션을 완벽하게 할 수는 없다. PPT를 만드는 것 역시도 '쓰기'에 영역이기에 이 챕터에는 다루지 않겠지만 PPT에서 중요한 부분은 장표 외에도 또 있다. 바로 슬라이드 노트 기능이다. 해당 장표에서 내가 할 이야기들을 써놓는 공간이다. 이 부분에 자신이 그 장에서 꼭 해야 하는 줄거리를 써놓는 작업이 필요하다. 좋은 시나리오라도 머릿속에만 있으면, 그것이 현장에서 그대로 잘 전달되기 어렵다. 하지만 슬라이드 노트에 그것들을 옮겨 적는다면 이야기가 달라진다. 추상적이었던 표현들은 더 구체화하고 슬라이드 노트는 쓰는 과정에서 내 생각들과 내가 할 말들이 정리되는 것을 느낄 수 있을 것이다. 또한 시나리오 작성 후에 그것들을 가다듬고 표현을 고도화하는 것까지 가능하다.

그런 과정들을 거치면서 내가 할 이야기들은 점점 더 설득력을 얻을 수 있게 된다. 프리젠테이션을 완벽하게 하기 위해서는 우선 깔끔하게 만들어진 PPT도 중요하지만 시나리오를 잘 작성하는 것이 훨씬 더 중요하다. 제대로 된 프레젠터들은 사진 한 장을 갖고도 한 시간을 말할 수 있다. 프레젠테이션의 본질은 화면이 아니라 발표자이다. 꼭 자신이 말을 정리하는 과정을 거쳐야 하고 그것이 PPT 장표와 조화를 이룰 수 있도록 슬라이드 노트를 활용하자.

시나리오 작성보다 더 중요한 것이 있다. 앞서 말한 바와 같이 우리는 발표에 대한 경험이 많지 않다. 하지만 그런 부족한 경험을 메울 수 있는 방법이 바로 실전과 같은 연습이다. 효과적인 발표를 위해서 가장 중요한 것은 단연 '연습'이다. 수많은 연습은 표정, 태도, 제스처와 같은 비언어적 요소를 발전시켜 발표를 더 완벽하게 만들고 혹시 모를 돌발상황에 대한 대처까지 가능하게 한다. 이름 있는 프레젠터들은 내용 숙지는 물론이고 발표 현장에서의 발걸음, 시선, 손동작 하나까지 완벽하게 리허설을 한다. 스티브 잡스는 아직까지도 회자되고 있는 2007년 아이폰 프레젠테이션을 위해 한 달 전부터 100이 넘는 리허설을 했다고 했다. 우리는 스티브 잡스도 아니다. 다수 앞에서 프리젠테이션을 통해 보고를 할 일이 생겼을 때는 식은땀을 흘리며 버벅거리지 않도록 충분히 연습하도록 하자. 사람을 앞에 앉혀놓고 연습하는 것을 가장 추천하지만, 그것이 조금 부끄럽다면 빈 회의실을 빌려서 진짜와 같이 연습을 많이 하는 것을 추천한다. 잘 작성된 시나리오와 수많은 연습이라면 보고의 끝판왕 프레젠테이션을 정복할 수 있을 것이다.

이번 장에서는 한 번에 결재권자가 OK하는 보고에 대해서 알아보았다. 좋은 기획안을 만들었다면 최종 단계는 결재이다. 그리고 결재를 위해서는 잘된 보고가 필요하다. 윗분들은 시간과 인내심이 없다. 내 기획안의 핵심을 윗분들이 단번에 이해할 수 있도록 정확한 내용을 최적의 타이밍에 보고해서 한 번에 프리패스하는 기획안을 만들기 바란다.

★
4

공공부문
대박 광고를 배우자

'우리도 TV광고 합니다'에서 말했듯, 나는 2020년 한 공공기관 홍보영상을 보고 충격을 받은 일이 있었다. 서양 악기인 베이스 소리 위로 젊은 판소리꾼들이 '수궁가'를 열창하고, 국악과 현대음악이 뒤섞인 독특한 리듬에 맞춰 우스꽝스러운 옷을 입은 사람들이 몸을 흔드는 희한한 홍보영상이었다. 그 영상은 바로 공전의 대히트를 친 한국관광공사의 홍보영상. '필 더 리듬 오브 코리아(Feel the rhythm of Korea)'였다. 외국인을 대상으로 한국을 홍보하는 영상이었지만 기존의 한국관광공사의 해외 홍보영상에 빠지지 않고 등장했던, '한류스타'도 없었고, '김치'나 '비빔밥'도 없었다. 뮤직비디오 인지 광고인지도 헷갈리게 만드는 이 영상이 히트 친 것을 보고 처음 든 생각은 '우와~ 이거 컨펌해 준 윗분이 대박이네'였다. 물론

광고 기획을 한 사람도 참신하고 대단하지만 공공기관의 홍보담당자로서 이런 B급 감성의 획기적인 아이템을 승인해 준 윗분의 식견이 이 영상의 히트에 큰 몫을 했다고 생각한다. 이번 챕터에서는 우리가 보고 배울 만한 공공부문의 우수 홍보사례를 소개하고자 한다. 부디 참고는 하되 그대로 따라 하는 우를 범하지는 말기 바란다. 똑같은 콘텐츠라면 이미 자리 잡은 채널을 이길 방법은 없으므로.

★

이것이 B급 감성이다, 한국관광공사

가장 먼저 소개할 곳은 앞서 말했던 한국관광공사다. 그동안 '재미없다'는 느낌으로 대변되는 공공기관 홍보영상의 판도를 바꾼 영상이었다. 이 기획을 총괄한 한국관광공사 오충섭 브랜드마케팅 팀장은 기획 단계에서부터 기존의 틀을 깨고 싶었다고 한다. 유명 연예인은 과감히 배제하고 'B급 감성'에 승부수를 던진 것이다. 그는 홍보영상이 광고를 넘어 하나의 콘텐츠로 소비되려면 광고의 티를 최대한 빼야 한다고 했다. 이 영상을 임원 프레젠테이션에서 통과시키기 위해서 현장에서 직접 춤까지 추면서 재미를 어필했다고 한다. 결과적으로 이 홍보영상은 6억 뷰를 넘기는 조회 수를 기록했고, 댓글 1만 2,000개, 공감 2만 4,000개 등 엄청난 성공을 거두었다. 또한 오충섭 팀장은 이 기획덕분에 대통령표창까지 받게 되었으며, 한국관광공사는 국내에서 가장 큰 광고대상인 '대한민국 광고대상'에서 대상을 수상하는 영예를 안았다.

한국관광공사는 기존의 틀을 깨고 MZ세대의 큰 트렌드였던 B급 감성을 적절히 녹여냈다. 그리고 그러한 전략이 기가 막히게 들어맞았기에 큰 효과를 볼 수 있었다. 하지만 B급 감성이라고 항상 성공하는 것은 아니다. '저질'과 '웃음'의 경계에 있는 B급 감성은 그만큼 비난받기도 쉬운 전략이기 때문에 공공부문에서는 도입에 신중해야 한다. LH공사는 신혼희망타운 애니메이션 광고에 성행위를 연상시키는 장면을 웃음 포인트라고 넣었다가 시청자들의 항의에 결국 광고를 내렸다. '병맛' 콘셉트의 2016년 문화체육관광부 평창 동계올림픽 홍보 캠페인 '아라리요 평창'도 엄청난 비난에 시달렸다. 무작정 선을 넘기보다는 아슬아슬 선을 타는 공공부문만의 B급 프리미엄 전략이 필요하다.

한국관광공사 홍보영상 'Feel The Rhythm of Korea'

★
옥외광고의 정석, 경찰청

요즘은 '광고' 하면 TV나 유튜브가 떠오른다. 문화체육관광부가 발간한 '2020 광고산업조사'에 따르면 2020년 전체 매체광고비는 12조 158억 원이었으며 그중 인터넷 광고가 4조 7,517억 원으로 1위, TV광고가 4조 102억 원으로 2위를 차지했다. 그 뒤로 옥외, 신문, 잡지 등이었는데 온라인을 제외한 대부분의 매체들이 하락 추세였다. 또한 온라인과 TV 광고비중이 전체의 73%를 차지했다. 즉 우리가 생각하는 것처럼 광고시장은 TV와 유튜브가 대부분을 차지하는 것이다.

하지만 그중에서도 옥외광고로 톡톡히 재미를 본 공공조직이 있다. 바로 우리나라에서 가장 보수적인 집단 중 하나로 꼽히는 경찰이다. 그중에서도 경찰서는 죄지은 것도 없지만 왠지 두렵기만 한곳이다. 그러한 경찰이 몇 해 전부터 무릎을 '탁' 치게 하는 옥외광고를 선보이고 있다.

경찰서 건물 벽면의 창문 2개를 활용해 올빼미를 크게 그려놓고 '안심하고 주무십시오. 경찰은 24시간 잠들지 않습니다'라는 문구를 써놓고, 현상수배자가 활짝 웃고 있는 전단지 밑에 '만약 하루만 경찰들이 사라진다면?'이라는 카피를 넣는다. 부산 해운대 좌동 지구대에는 경찰서 앞에 세워진 새총 모양의 나무 모형에 기다란 고무줄을 걸어 대형 새총을 만들어 놨다. 그리고 그 옆에는 '총알 같이 달려가겠습니다'라는 카피가 보인다. 이 얼마나 신선하고 공감

가는 기획인가. 이 광고를 만든 사람은 광고 천재로 잘 알려진 이 제석 광고연구소의 이제석 소장이다. 그는 경찰청 홍보담당자의 "국민과 소통하는 경찰이 되자고 그러는 겁니다"라는 말 한마디에 경찰청 홍보자문위원으로 위촉되어 다양한 광고 크리에이티브를 쏟아냈다. 그가 경찰청과 함께 만든 다양한 옥외광고물들은 전국 의 신문과 방송에 대서특필되었고 시민들 눈에도 잘 띄어 그 일대 의 랜드마크가 되었다.

기존의 경찰 옥외광고의 경우 범죄에 대한 경각심을 고취시키기 위해 다소 위압적인 이미지의 광고를 했었다. 하지만 경찰은 '이제 석'이라는 귀인을 만나 국민과 진짜 소통하는 광고들을 꾸준히 선 보이고 있다.

톡톡 튀는 아이디어로 주목받은 경찰청 옥외광고

경찰은 비싼 방송매체를 타지 않고 보유하고 있는 시설물들을 활용한 옥외 광고들을 활용해 알짜배기 광고를 하고 있는 셈이다. 어찌 보면 예산이 넉넉하지 않는 공공부문의 최적화된 홍보라고 할 수 있겠다. 이제석 소장은 말한다.

"광고판은 그야말로 쩐의 전쟁터이다."

하지만 조금 다른 시선으로 바라본다면 공공도 쩐의 전쟁터에서 충분히 살아남을 수 있다는 것을 보여준 좋은 사례이다.

★
공공캐릭터 선두주자, 고양시

캐릭터라고 하면 누가 떠오르는가? 뽀로로? 둘리? 카카오프렌즈? 최근 들어 캐릭터들은 다양한 방면을 통해 마케팅에 활용되고 있다. 특히 스마트폰 사용이 일반화와 모바일 메신저 활용 증가에 따라 캐릭터 활용도 점차 확대하고 있는 상황이다. 지난해 EBS도 '펭수'라는 캐릭터로 국민적인 인기를 얻었지만, 그 전부터 캐릭터를 활용해 탄탄한 지지층을 확보한 공공부문 사례가 있다. 바로 '고양고양이'를 탄생시킨 고양시이다.

'고양고양이'는 공공의 딱딱한 이미지를 탈피하고 SNS 채널을 비롯한 온·오프라인에서 적극 활용되면 시민들과의 친밀하게 소통하며 고양시의 인지도 향상과 이미지 개선의 큰 역할을 해오고 있다. 2012년에 처음으로 모습을 드러낸 직후부터 SNS에서 센세이션을 일으킨 고양고양이는 어느새 유명인사가 되었다. "뭐라고양? 우리 동네 예산을 인터넷 투표로 고를 수 있다고양?", "고양시 통합앱 다 운받아줄 고양?" 등은 모두 고양시가 운영하는 공식 페이스북에 올라온 홍보문구들이다.

고양시의 공보담당관 신형우 SNS 홍보팀장은 홍보를 하기 위한 콘텐츠 회의 중에 홍보의 구심점이 없다는 것을 깨달았다고 한다. 그리고 시의 이름을 활용해 '고양이'를 활용해 보자는 의견을 제시했다. 웹툰, 영상제작 등을 해야 한다는 의견이 있었으나, 우선 무작정 고양이를 그려 SNS에 올렸는데 그게 대박이 났다고 한다. 사람들은 관공서 같지 않다면 공유하고 태그를 하며 알려지기 시작했다. 사실 고양시는 고양시에 소속되어 있는 일산보다 브랜드 파워가 약했다. 사람들은 일산은 알지만 고양시는 모른 사람이 태반이었으며, 심지어 뉴스 앵커조차도 '일산시'라고 잘못된 표현을 쓰는 사례가 있었다고 한다. 이 때문에 고양시의 이름을 브랜딩 할 필요성이 있었고 신형우 팀장은 고양이의 이름을 '고양고양이'라고 짓고 본격적인 홍보를 시작하게 된다.

고양시는 고양고양이를 활용한 다양한 홍보활동을 이어가고 있다. 시청 내부에서 공문에서 활용하기도 하며, 시의 적절하게 탈인형을 제작해 다양한 축제에서 활용한다. 고양고양이를 활용해 '진격의 거인'을 패러디 한 주요 관광지 소개 영상은 조회 수가 150만을 넘었다. 고양고양이가 있기 전 1만 조회 수를 기록하기도 어려웠던 것과 비교하면 괄목한 만한 성과이다. 또만 고양시민들은 고양이 캐릭터를 통해 '고양부심'이라는 표현까지 쓸 정도로 자부심을 느낀다고 한다.

캐릭터를 잘 활용한 고양시의 SNS

하지만 단순히 캐릭터를 예쁘게 만든다고 해서 그것이 성공할 수는 없다. 고양시의 신형우 팀장도 "캐릭터를 만드는 것보다 캐릭터를 지속적으로 발전시키고 활용하는 방향을 연구할 필요가 있다"고 말한다. 우리나라 지자체와 공공기관은 대부분 캐릭터를 활용하고 있다. 하지만 그중 성공한 사례가 그리 많지 않다. 호감 가는 캐릭터를 만들었다면 그것이 별 의미 없는 캐릭터가 되지 않도록 치열하게 고민해야 한다. 그런 의미에서도 고양시는 여러 모로 국내에서 캐릭터를 이용한 홍보를 가장 잘하고 있는 공공이 아닐까 싶다.

B급 홍보로 A급 성과를 낸, 충주시

누군가 마스크를 벗고 기침을 할 때마다, 여럿이 모여서 다 같이 밥을 먹을 때마다, 회식이나 클럽 등 불필요한 모임을 하려 할 때마다 한 명의 공무원이 등장한다. 상복차림에 선글라스를 끼고 나온 그는 관짝 대신 스티로폼 박스를 어깨에 메고 흥겨운 배경음악에 맞추어 관짝춤을 춘다. 바로 '공무원 관짝춤/관짝밈(feat. 생활 속 거리두기' 영상의 내용이다). 코로나19 방역수칙을 제대로 지키지 않으면 감염되어 죽을 수도 있다는 메시지를 한창 인터넷에서 밈으로 뜨거웠던 가나의 관짝춤을 패러디한 이 영상은 조회 수 700만 회를 육박하며 지자체로는 상상할 수 없는 흥행을 거뒀다.

지방자치단체가 운영하는 유튜브 채널 중에 구독자 수 1위는 어디일까? 놀랍게도 충주시이다. 충주시는 채널 개설 5개월 만에 구독자 6만 명을 모으더니 1년도 채 되지 않아 18만 명의 구독자 수를 달성하며 전국 지자체 중 유튜브 구독자 1위를 기록했다. 이름도 잘 몰랐던 충주시의 이러한 대성공에는 유명한 광고기획사도 없었고, 인기스타도 없었다. 오직 특이한 한 명의 공무원이 있을 뿐이었다.

'충주시 홍보맨'으로 유명한 김선태 주무관이 운영하는 충주시의 유튜브 채널의 연간 제작비는 61만 원이라고 한다. 그리고 그것은 오직 편집프로그램 라이선스 비용이라고 하니 정말 대단한 공무원이다. 지자체 구독자 수 2위인 서울시의 1년 예산이 6억 원인 것과 비교하면 얼마나 대단한 성과인지 알 수 있다. 김선태 주무관은 아이디어 기획부터 출연, 촬영, 편집까지 혼자 다 한다고 한다. 1인 미디어인 셈이다. 충주시 유튜브 채널의 성공은 B급 감성과 빠른 트렌드 반영이라고 할 수 있다. 충주시 앞서 말한 관짝 소년단 밈 패러디 영상뿐 아니라, 가짜 사나이, 깡, 아무노래챌린지, 오징어 게임 등 이슈가 되는 것들을 빠르게 도입하고 충주시 유튜브 채널만의 B급 감성으로 녹여냈다. 그리고 재미있는 콘텐츠 중에서 시정홍보를 빼놓지 않고 하고 있다.

그는 한 매체의 인터뷰에서 "시정 홍보를 대놓고 하면 누가 봅니까. 딱딱하고 재미없는데"라는 말로 충주시 유튜브 채널의 성격을 대변했다. 그는 '최대한 가볍고 유쾌하게 만드는 것'이 충주시 홍보의 핵심이라고 말했다. 더욱 놀라운 것은 충주시 유튜브 채널은 공공부문 홍보에 필수인 '결재 과정'이 거의 없다고 한다. 그는 결재 과정에서 그들의 취향을 다 맞추려면 너무 무난하고 지루한 결과물이 나온다고 했다. 개인적으로는 이러한 충주시만의 '결재의 부재'가 성공의 큰 비결이 아닐까 싶다. 공공홍보의 성공은 '윗분들의 무관심'이라는 이야기가 다시 한번 공감되는 대목이다.

충주시 SNS홍보포스터(좌)와 유튜브 콘텐츠(우)

이번 장에서는 공공부문에서 성공적으로 홍보를 이어가고 있는 기관들의 사례를 들어봤다. 서두에서 말한 바와 같이 이러한 BP 사례들은 참고만 하되 따라 해서는 안 된다. 기관의 홍보를 위해서는 자신만의 기관의 색깔을 찾아서 차별화된 전략을 세워야 한다. 똑같은 것을 한다고 하면 우리보다 이미 잘하고 있는 곳을 너무 많기 때문이다. 제2의 한국관광공사, 제2의 충주시가 될 필요는 없다. 명확한 분석과 기획으로 블루 오션을 개척해 우리 기관이 타 기관의 벤치마킹 사례를 만들어 낼 수 있는 공공기관 홍보담당자가 되기 바란다.

★

에필로그

처음 글을 쓰기 시작한 건 일 때문이었다. 먹고 살기 위해, 먼 곳으로 밀려나지 않기 위해 홍보업무에 필요한 '글'을 쓰기 시작했다. 처음 홍보 일을 시작했을 때 쓴 글들을 지금 다시 읽어보면 '아, 진짜 발로 써도 이것보다는 잘 쓰겠네'라는 생각이 들 정도로 엉망 진창이다. 한 문장은 세 줄이 넘어가게 길고, 주어와 목적어는 서로 따로 놀고, 겉멋만 들어서 어려운 말을 잔뜩 집어넣은 형편없는 글들이 수두룩하다. 몇 년 동안 글을 쓰고 있지만, 아직도 내 글은 형편없다. 특히나 맞춤법은 네이버 검사기로 돌릴 때마다 수십 개씩 오류가 튀어나온다. 문명의 이기의 힘을 빌려서 어렵사리 글을 써오다 보니, 어느새 타의가 아닌 자의로 글을 쓰게 되었다. '글쓰기의 매력'을 조금이나마 알게 되었고, 내가 느낀 점들을 기록을 남기고 싶어졌다. 그리고 드디어 10년 넘게 나의 핸드폰 배경화면을 차지하고 있는 버킷리스트에 2021년에는 '나만의 책 쓰기'라는 문구가 들어갔다.

'책 쓰기'는 그동안 어렴풋이 생각만 했었던, 저 멀리 있는 목표였다. '진짜 글을 잘 쓰는 분들이 쓰는 책을 감히 내가?'라는 큰 장벽을 허무는 데는 꽤 오랜 시간이 걸렸다. 하지만 '꿈꾸는 대로 이루어지리라' 라고 했던가. 드디어 조금씩 써오던 글들을 모아서 책으로 엮게 되었다. 공공기관은 대부분 언제 다른 부서로 옮겨야 할지 모르는 순환보직이다. 그래서 나도 홍보업무를 하고 있을 때, 감이 좀 살아있을 때, 지금 내가 느끼고 배운 것들을 전달하고 싶었다. 틈나는 대로 느낌 점들을 글로 적었었다. 물론 일을 하면서 책을 쓰는 건 쉬운 일이 아니었다. 게다가 나는 아이가 셋이나 있는 다둥이 아빠다. 일찍 퇴근하는 날이면 그동안 고생했던 아내를 대신해 아이들 밥 챙기고, 씻기고, 공부시키고, 집 정리까지 전부 내 몫으로 해치워야 했다. 생각하고 글을 쓰는 시간이 절대적으로 부족했다. 일하는 틈틈이, 점심시간을 이용해서, 가끔 야근하는 날이면 몰아서 글을 써내려갔다. "10포인트 글자로 100페이지 이상 글을 써야만 책 한 권이 나옵니다"라는 유튜브 영상을 보고 엄청난 양에 덜컥 겁이 났지만, 일할 때마다 느꼈던 점들을 짤막짤막하게 적어내려가니 어느새 그 정도 되는 양이 만들어졌다. 이 책을 쓸 때 가장 큰 도움이 되었던 것은, 후임자를 위해서 메모장에 정리해 두었던 각종 tip들이었다. 처음 아무것도 모르고 홍보처로 발령받았던 그 서러움과 어려움을 잘 알기에 후임자만은 나처럼 고생하지 않았으면 좋겠다는 마음으로 정리한 것들이었다.

이 책은 자기계발서라고 보기에도 어색하고, 그렇다고 재미있는 에세이도 아니다. 하지만 분명한 것은 홍보를 처음 시작하는 홍보주니어들에게는 충분히 도움이 될 수 있는 책이라는 것이다. 지금까지 이렇게 나온 책을 그토록 애타게 찾았지만 찾기 못했기에 장담한다. 그리고 내가 다양한 홍보업무를 하면서 겪었던 어려움과 몇 년이 지난 후 그 상황에서 어떻게 해야 하는지 깨닫게 되었던 내용들을 담았기 때문이다. 이 책은 홍보베테랑들을 위한 책이 아니다. 철저하게 홍보주니어를 위한 책이다. 만약 진짜 홍보베테랑 선배님들이 이 책을 보고 계시다면, '당연한 내용을 굳이 왜?', '그건 아닌데……'라고 생각하실 수 있다. 이 책은 순전히 나의 개인적인 생각을 담은 책이니, 후배의 재롱이라고 생각하고 너그러이 넘어가 주시리라 믿는다.

손명훈이라는 홍보 햇병아리가 홍보업무에 잘 적응 할 수 있도록 도와주신 동료분들이 없었으면 이 책을 쓸 엄두도 못 냈을 것이다. 가장 처음 홍보처로 왔을 때 아낌없는 조언과 사랑, 끊임없는 검토를 해주신 나의 인생 멘토 정해룡 팀장님, 개발새발 쓴 칼럼을 항상 애정 어린 멘트로 칭찬해 주신 이화정 작가님, 직원들이 신나게 일 할 수 있도록 유머와 소통으로 부서를 끌어주신 이종락 홍보처장님과 정종표 수석팀장님, 홍보처에서 일할 수 있는 영광을 주신 최광제 실장님, 유튜브 전문가 박경배 PD님, SNS 마스터 방윤식 과장님, 홍보기획의 끝판왕 김명기 차장님, 언론관리 마술사 이동근 팀장님과 문병희 대리님, 듬직한 광고 문지기 이재성 팀장님, 속전속결 디자인 미스코리아 유혜은 차장님, 소통전문가 김현옥

수석팀장님께 감사의 인사를 전한다. 그리고 마지막으로 항상 못난 남편 응원해 주고 천방지축 삼남매를 완벽하게 케어해 주고 있는 사랑하는 아내 이혜림 여사(여사라고 했다고 화낼지도 모르겠다)에게 진심으로 고마움을 전한다.

내가 느낀 공공홍보는 단순히 홍보만 잘한다고 해결되는 문제가 아니었다. 공공부문 종사자로써 기본적인 행정업무는 물론이고, 내부소통, 공공성 유지 등 다양한 방면의 능력과 지식이 필요했다. 게다가 적은 예산으로 진행하는 공공홍보는 필연적으로 기업의 홍보와는 홍보효과의 GAP이 발생할 수밖에 없었다. 하지만 우리는 공공부문 종사자이다. 어렵다고 안 할 수도 없고, 싫다고 그만두기도 쉽지 않다. 일은 이왕 할 거라면 좀 더 쉽게 해야 한다. 맨 땅에 헤딩하는 짓은 하지 않아야 한다. 그리고 이 책은 맨땅에 헤딩하는 홍보주니어들의 머리보호대 정도의 역할은 해줄 수 있을 것이라고 믿는다. 이 책이 마중물이 되어 오늘도 공공홍보를 위해 힘쓰고 있을 홍보주니어들이 만렙의 홍보베테랑으로 거듭나기를 바란다.

GOOD LUCK!!